装甲作战

赫尔曼·霍特与"巴巴罗萨"行动中的第3装甲集群

PANZER OPERATIONS:
GERMANY'S PANZER GROUP 3 DURING THE INVASION OF RUSSIA,1941

著者：〔德〕赫尔曼·霍特
译者：赵国星

台海出版社

PANZER OPERATIONS:GERMANY'S PANZER GROUP 3 DURING THE
INVASION OF RUSSIA,1941 by HERMANN HOTH Copyright ©
This edition arranged with Druffel&Vowinckel Verlag through.
Big Apple Agency,Inc.,Labuan,Malaysia.Simplified Chinese edition copyright:
2019　ChongQing Zven Culture communication Co.,Ltd
ALL RIGHTS RESERVED

本书简体中文版由 CASEMATE PUBLISHERS 独家授权出版
版权所有，侵权必究
版贸核渝字（2015）第 287 号

图书在版编目（CIP）数据

　　装甲作战：赫尔曼·霍特与"巴巴罗萨"行动中的
第3装甲集群 /（德）赫尔曼·霍特（Hermann Hoth）著；
赵国星译. -- 北京：台海出版社，2019.1
　　（指文·苏德战场. 东线文库）
　　书名原文：PANZER OPERATIONS:GERMANY'S PANZER
GROUP 3 DURING THE INVASION OF RUSSIA,1941
　　ISBN 978-7-5168-2179-4

　　Ⅰ.①装… Ⅱ.①赫… ②赵… Ⅲ.①赫尔曼·霍特
－回忆录 Ⅳ.①K835.165.2

　　中国版本图书馆CIP数据核字(2018)第263256号

装甲作战：赫尔曼·霍特与"巴巴罗萨"行动中的第3装甲集群

著　者：［德］赫尔曼·霍特　　　　　译　者：赵国星

责任编辑：俞滟荣　　　　　　　　　策划制作：指文文化
视觉设计：周 杰　　　　　　　　　　责任印制：蔡 旭

出版发行：台海出版社
地　　址：北京市东城区景山东街20号　　邮政编码：100009
电　　话：010-64041652（发行，邮购）
传　　真：010-84045799（总编室）
网　　址：www.taimeng.org.cn/thcbs/default.htm
E - mail：thcbs@126.com

经　销：全国各地新华书店
印　刷：重庆共创印务有限公司
本书如有破损、缺页、装订错误，请与本社联系调换

开　本：787mm×1092mm　　　　　1/16
字　数：190千　　　　　　　　　　印　张：11
版　次：2019年1月第1版　　　　　印　次：2019年1月第1次印刷
书　号：ISBN 978-7-5168-2179-4

定　价：59.80元

前　言

　　本书并不能称为苏德战争军事历史的决定性记述，因为有价值的档案材料太少了。苏联的官方资料无法获得，不幸的是，个人研究也很难接触到幸存下来的德国战争记录。所以要将此书作为史料来讲可能并无价值。本书是基于私人留存的《1942年2月10日第3装甲集群在俄作战报告》副本，这份材料由第3装甲集群首席参谋卡尔·瓦格纳（Carl Wagener）少校现场整理。该报告不仅包括很有价值，可以从中追寻战役进程的地图，还有装甲集群司令部斟酌的细节。里面几乎没有关于苏军的情报报告，装甲集群收到并执行的命令的文本，以及下属各军军部提交的报告。这些空白由1948年纽伦堡最高统帅部审判期间，美国控方提出的一些文件进行部分填补。

　　尽管如此，还是有两个原因促使我们去批判性地分析苏德战争初期德军装甲兵团的行动。首先，本书有助于在未来的军事科学研究中，指导大家理解第3装甲集群作战行动的动机。其次，纠正此前一些出版物中的谬误。总而言之，希望通过本书能起到一定指导教育的作用，为读者展示一些有关装甲集群作战行动的有益案例，为未来训练坦克兵指挥官提供有价值的参考。

　　苏德战争的最初几个月里，第3装甲集群是德军北面那3个装甲集群中最中间的那个。战争爆发之初，3个装甲集群的首要目标就是完成最高统帅部制定的战役计划。因此需要指出的是，在协同作战的大背景之下，第3装甲集群自然不是孤立的，为纽伦堡法庭审判准备的诸多材料已经证明了这一点。但其中一些材料尚未公开出版，也无从评估其价值。对于面临棘手困难的军方领导人来说，本书提供了最新的内容。虽然如此，从军事历史的角度来看，本书并不会给出最终的结论，因为本书所参考的材料只是其中的一部分，并不是全部。但就算是这样，这些材料仍然有指导意义。

鉴于本书以教育指导为核心，德国军队和杰出指挥官的表现被淡化了。我希望读者能够认识到，如果没有在战斗中无私奉献的德军士兵，与完全陌生且满是敌意的敌人、国家的奋战，那么德国任何领导层的努力都不可能成功。

在此，本人感谢哥廷根大学国际法学院，特别是泽拉菲姆（Seraphim）博士，他帮我搜集了证明材料。感谢退役将领奥托·冯·克诺贝尔斯多夫（Otto von Knobelsdorff）、卡尔·瓦格纳和约阿希姆·冯·舍恩–安格雷尔（Joachim von Schön–Angerer），为我提供了和他们有关的作战相关材料。同样的，感谢退役将领弗里德里希·范戈尔（Friedrich Fangohr）和恩斯特·冯·莱泽（Ernst von Leyser）为我提供的信息。

霍特
戈斯拉尔，1956年夏

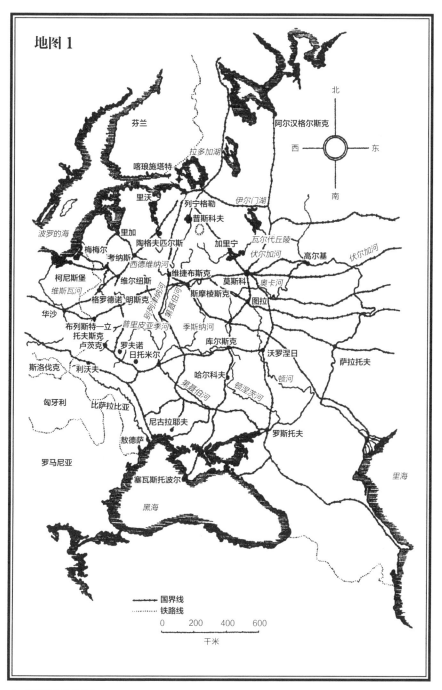

地图 1

芬兰

阿尔汉格尔斯克

北

西 ⊕ 东

拉多加湖

南

喀琅施塔特

伊尔门湖

里沃

列宁格勒

普斯科夫

瓦尔代丘陵

伏尔加河

高尔基

伏尔加河

里加

陶格夫匹尔斯

加里宁

波罗的海

梅梅尔

考纳斯

西德维纳河

维捷布斯克

莫斯科

奥卡河

柯尼斯堡

维尔纽斯

斯摩棱斯克

图拉

维斯瓦河

格罗德诺

明斯克

别列津纳河

华沙

布列斯特－立

普里皮亚季河

季斯纳河

库尔斯克

沃罗涅日

萨拉托夫

托夫斯克

卢茨克

罗夫诺

日托米尔

顿河

斯洛伐克

利沃夫

哈尔科夫

聂伯河

顿涅茨河

匈牙利

比萨拉比亚

尼古拉耶夫

罗斯托夫

敖德萨

里海

罗马尼亚

塞瓦斯托波尔

黑海

━━━ 国界线

········ 铁路线

0   200   400   600

千米

◎ 苏德战争战场总览

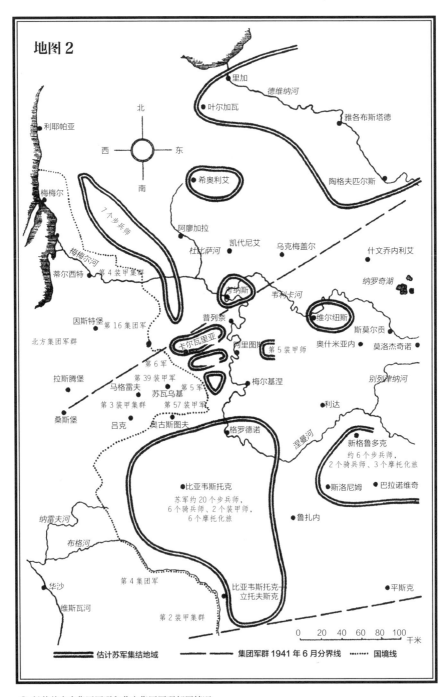

地图 2

北

西 东

南

利耶帕亚

梅梅尔

蒂尔西特

梅梅尔河

第4装甲集群

因斯特堡 第16集团军

北方集团军群

拉斯腾堡

马格雷夫

第3装甲集群

桑斯堡

吕克

奥古斯图夫

纳雷夫河

布格河

华沙

维斯瓦河

第4集团军

里加

德维纳河

叶尔加瓦

雅各布斯塔德

陶格夫匹尔斯

希奥利艾

阿廖加拉

杜比萨河 凯代尼艾 乌克梅盖尔

什文乔内利艾

纳罗奇湖

7个步兵师

考纳斯 韦利卡河

普列奈 维尔纽斯 斯莫尔贡

卡尔瓦里亚 阿里图斯 莫洛杰奇诺

第6军 第5装甲师 奥什米亚内

第39装甲军 别列津纳河

苏瓦乌基 梅尔基涅

第5军

第57装甲军 利达

格罗德诺 涅曼河

新格鲁多克

约6个步兵师、

2个骑兵师、3个摩托化旅

比亚韦斯托克

苏军约20个步兵师、 斯洛尼姆 巴拉诺维奇

6个骑兵师、2个装甲师、

6个摩托化旅 鲁扎内

比亚韦斯托克— 平斯克

立托夫斯克

第2装甲集群

0 20 40 60 80 100

千米

━━━ 估计苏军集结地域 ━ ━ 集团军群1941年6月分界线 ……… 国境线

◎ 侵苏前中央集团军群和北方集团军群部署情况

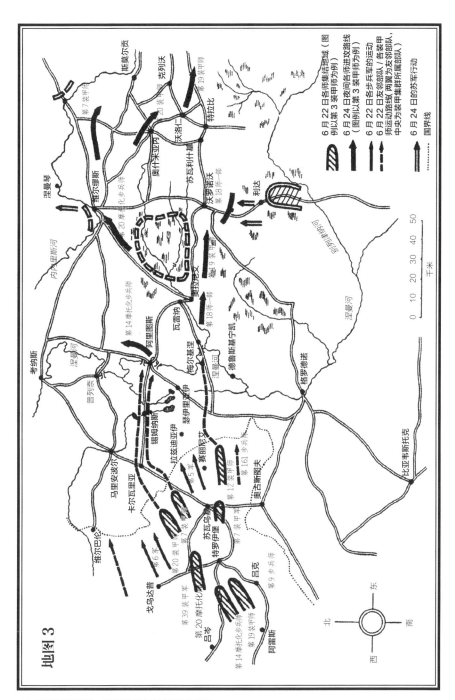

◎ 1941年6月22—24日第3装甲集群进攻路线

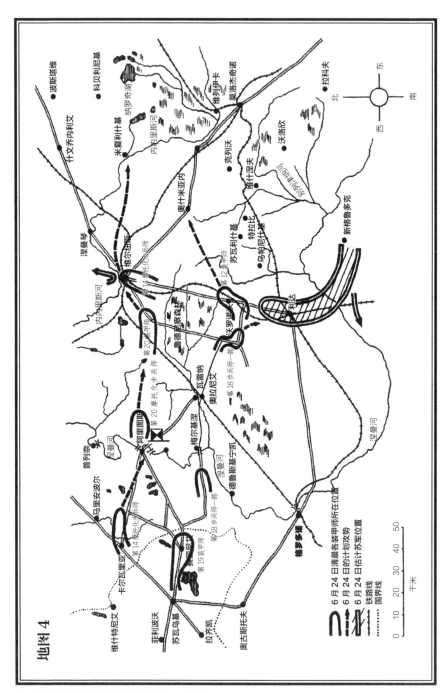

◎ 6月24日黄昏第3装甲集群态势以及未来意图

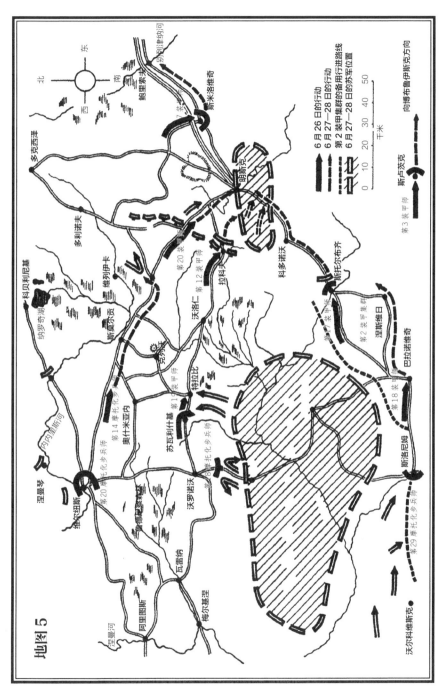

◎ 6月26日第2装甲集群（北翼）和第3装甲集群6月26日晚态势

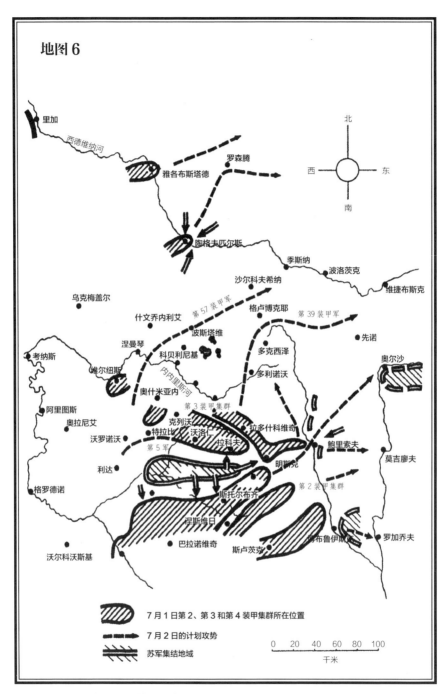

地图 6

里加
西德维纳河
雅各布斯塔德
罗森腾

北
西 ⊙ 东
南

陶格夫匹尔斯
季斯纳
波洛茨克
维捷布斯克

乌克梅盖尔
沙尔科夫希纳
第 57 装甲军
格卢博克耶
第 39 装甲军

什文乔内利艾
涅曼琴
波斯塔维
多克西泽
先诺

考纳斯
科贝利尼基
多利诺沃
奥尔沙

维尔纽斯
奥什米亚内
内内里斯河
第 3 装甲集群

阿里图斯
克列沃
拉多什科维奇
鲍里索夫
莫吉廖夫

奥拉尼艾
沃洛仁
沃罗诺沃
特拉比
拉科夫
明斯克

利达
第 5 军
斯托尔布齐
第 2 装甲集群

格罗德诺
涅斯维日
罗加乔夫

沃尔科沃斯基
巴拉诺维奇
斯卢茨克
鲍布鲁伊斯克

7 月 1 日第 2、第 3 和第 4 装甲集群所在位置

7 月 2 日的计划攻势

苏军集结地域

0 20 40 60 80 100
千米

◎ 1941年7月1日第2、第3和第4装甲集群位置

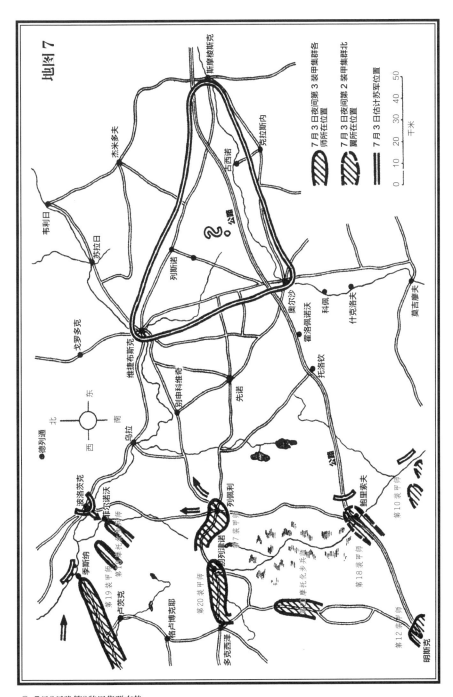

◎ 7月3日晚第3装甲集群态势

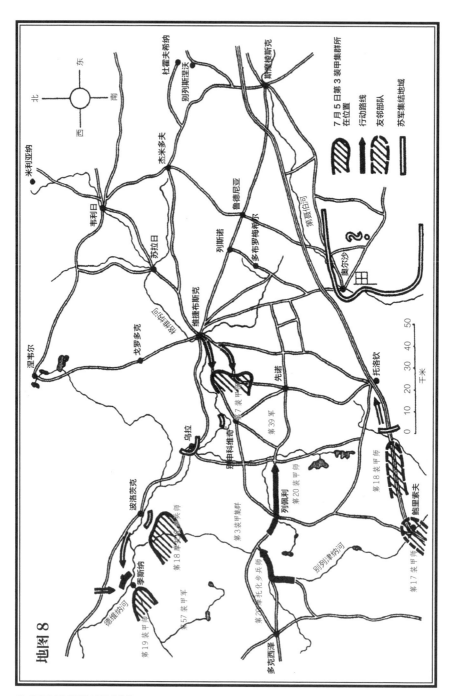

◎ 7月5日晚第3装甲集群态势

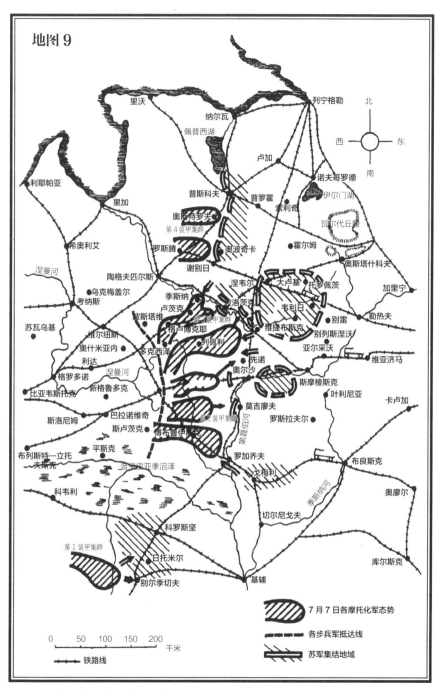

地图 9

北
西 东
南

里沃
纳尔瓦
佩普西湖
列宁格勒

卢加
诺夫哥罗德
伊尔门湖
索利奇

利耶帕亚
里加
普斯科夫
普罗霍
瓦尔代丘陵

奥斯特罗夫
第4装甲集群
霍尔姆
希奥利艾
罗斯腾
奥波奇卡
奥斯塔什科夫
涅曼河
陶格夫匹尔斯
谢别日
加里宁
乌克梅盖尔
考纳斯
季斯纳
涅韦尔
大卢基
托罗佩茨
波洛茨克
韦利日
苏瓦乌基
维尔纽斯
卢茨克
勒热夫
奥什米亚内
利达
格卢博克耶
格罗多诺
新格鲁多克
多克西泽
列佩利
维捷布斯克
别列斯涅沃
亚尔采沃
维亚济马
比亚韦斯托克
斯摩棱斯克
叶利尼亚
卡卢加
斯洛尼姆
巴拉诺维奇
斯卢茨克
博布鲁伊斯克
第2装甲集群
莫吉廖夫
罗斯拉夫尔
布良斯克
布列斯特—立托
夫斯克
平斯克
第聂伯河
罗加乔夫
奥廖尔
普里皮亚季沼泽
戈梅利
科韦利
季斯纳河
切尔尼戈夫
库尔斯克
科罗斯坚
第1装甲集群
日托米尔
别尔季切夫
基辅

7月7日各摩托化军态势

各步兵军抵达线

苏军集结地域

0   50   100 150 200
千米

铁路线

◎ 7月7日第1、第2、第3、第4装甲集群态势图

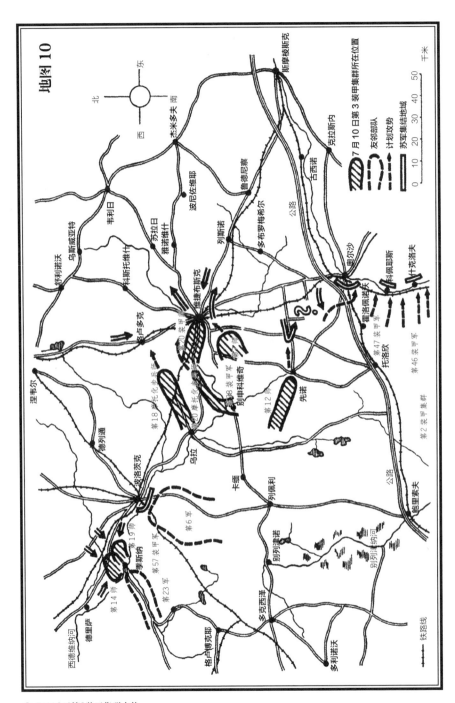

◎ 7月10日第3装甲集群态势

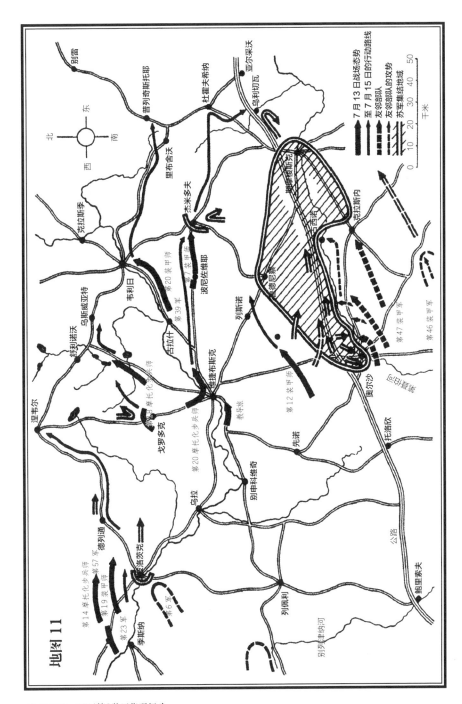

◎ 7月13—15日第3装甲集群行动

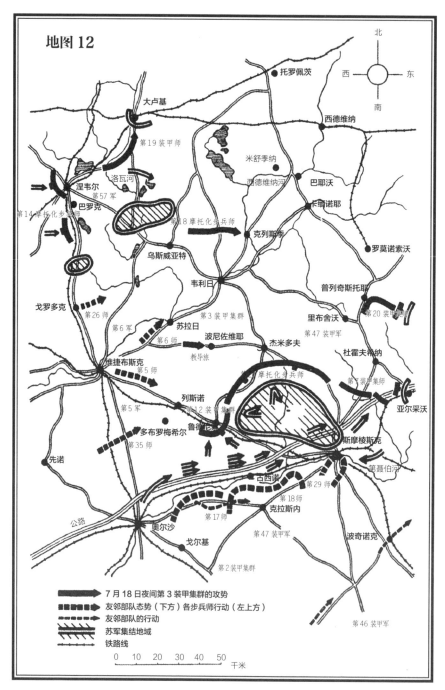

地图 12

北
西 东
南

托罗佩茨

大卢基

第19装甲师

西德维纳

洛瓦河

米舒季纳

西德维纳河

巴耶沃

涅韦尔

第57军

卡缅诺耶

巴罗克

第14摩托化步兵师

第18摩托化步兵师

克列斯季

罗莫诺索沃

乌斯威亚特

韦利日

普列奇斯托耶

戈罗多克

第26师

第3装甲集群

里布舍沃

第20装甲师

第6军

苏拉日

第47装甲军

第6师

波尼佐维耶

杜霍夫希纳

教导旅

杰米多夫

维捷布斯克

第5师

第7装甲集群

列斯诺

摩托化步兵师

亚尔采沃

第5军

第12装甲集群

多布罗梅希尔

鲁德尼亚

斯摩棱斯克

第35师

第聂伯河

先诺

第29师

古西诺

第18师

公路

奥尔沙

克拉斯内

第17师

波奇诺克

戈尔基

第47装甲军

第2装甲集群

第46装甲军

━━▶ 7月18日夜间第3装甲集群的攻势
▰▰▰▶ 友邻部队态势（下方）各步兵师行动（左上方）
▪▪▪▶ 友邻部队的行动
〰〰 苏军集结地域
━┿━ 铁路线

0 10 20 30 40 50
千米

◎ 7月18日第3装甲集群态势

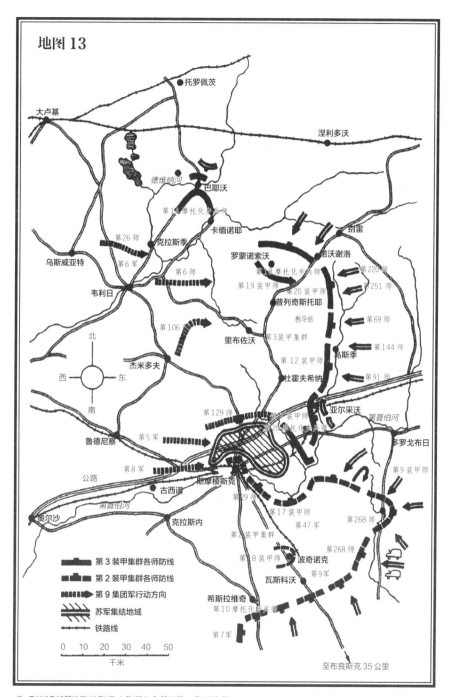

地图 13

托罗佩茨

大卢基

涅利多沃

德维纳河

巴耶沃

第10摩托化步兵师

卡缅诺耶

�=沃谢洛

别雷

第26师

克拉斯季

罗蒙诺索沃

第220师

第6军

乌斯威亚特

第6师

第8摩托化步兵师

第19装甲师

第20装甲师

第251师

韦利日

普列奇斯托耶

第106师

教导旅

第69师

北

第3装甲集群

西   东

杰米多夫

里布佐沃

第12装甲师

乌斯季

第144师

南

杜霍夫希纳

第91师

第129师

亚尔采沃

第20摩托化步兵师

第聂伯河

鲁德尼察

第5军

斯摩棱斯克

多罗戈布日

第8军

公路

古西诺

第29师

第9装甲师

奥尔沙

弟聂伯河

克拉斯内

第17装甲师

第47军

第268师

第2装甲集群

第18装甲师

波奇诺克

第268师

瓦斯科沃

第9军

希斯拉维奇

第10摩托化步兵师

第7军

第3装甲集群各师防线

第2装甲集群各师防线

第9集团军行动方向

苏军集结地域

铁路线

| 0 | 10 | 20 | 30 | 40 | 50 |

千米

至布良斯克35公里

◎ 7月27日第2装甲集群（北翼）和第3装甲集群态势

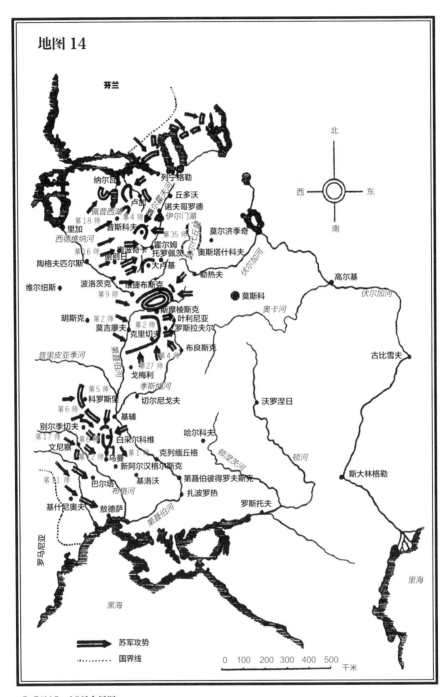

地图 14

芬兰

纳尔瓦　列宁格勒
卢加　丘多沃
诺夫哥罗德
佩普西湖　第4师　伊尔门湖
第18师　普斯科夫　莫尔济季奇
里加　　第35师　奥斯塔什科夫
西德维纳河　　第16师　霍尔姆
奥波奇卡　托罗佩茨
陶格夫匹尔斯　别日　大卢基　奥斯塔什科夫
维尔纽斯　波洛茨克　勒热夫　高尔基
第9师　涅捷布斯克　伏尔加河
明斯克　　斯摩棱斯克　莫斯科　奥卡河　伏尔加河
第2师　叶利尼亚
莫吉廖夫　第2师　罗斯拉夫尔
克里切夫　布良斯克
普里皮亚季河　第4师
第27师　戈梅利　　古比雪夫
季斯纳河
第5师　切尔尼戈夫　沃罗涅日
科罗斯坚
基辅
别尔季切夫　哈尔科夫　　顿河
第17师　白采尔科维　克列缅丘格　斯大林格勒
文尼察　第1师
第12师　乌曼　新阿尔汉格尔斯克
第11师　巴尔塔　基洛沃　第聂伯彼得罗夫斯克
布格河　扎波罗热
基什尼奥夫　敖德萨　罗斯托夫
第聂伯河
罗马尼亚
黑海　　　里海

北
西　　东
南

➤ 苏军攻势
······ 国界线

0 100 200 300 400 500
千米

◎ 7月15—18日全局图

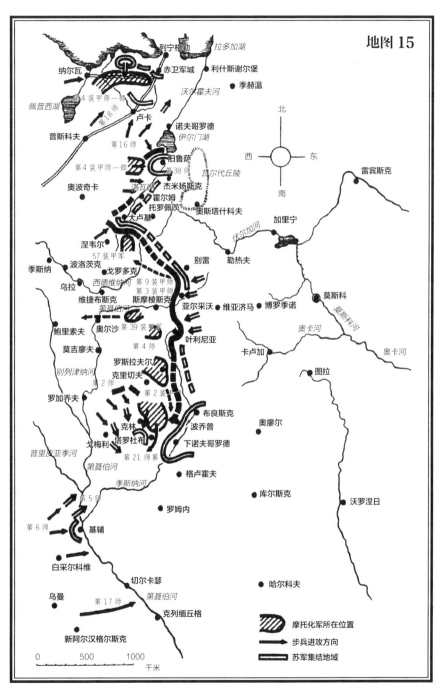

地图 15

列宁格勒　拉多加湖

纳尔瓦　赤卫军城　利什谢尔堡

第4装甲师一部　沃尔霍夫河　季赫温

佩普西湖　第18师　卢卡

普斯科夫　第16师　诺夫哥罗德

伊尔门湖

第4装甲师一部　旧鲁萨　第38师　庇尔代丘陵

奥波奇卡　洛瓦季河　杰米扬斯克

霍尔姆　托罗佩茨　奥斯塔什科夫

大卢基

涅韦尔

57装甲军　别雷　勒热夫

季斯纳　波洛茨克　戈罗多克　加里宁

乌拉　西德维纳河　第9装甲师

维捷布斯克　斯摩棱斯克　亚尔采沃　维亚济马　博罗季诺

第聂伯河　莫斯科

鲍里索夫　奥尔沙　第39装甲军　叶利尼亚

莫吉廖夫　第4师　卡卢加　奥卡河

别列津纳河　奥卡河

罗加乔夫　罗斯拉夫尔　克里切夫　图拉

第2师

普里皮亚季河　克林　布良斯克　波乔普　奥廖尔

戈梅利　塔罗杜布　下诺夫哥罗德

第21师　格卢霍夫　库尔斯克

第聂伯河　罗姆内

季斯纳河　沃罗涅日

第5师

第6师　基辅　哈尔科夫

白采尔科维　切尔卡瑟　第聂伯河

乌曼　第17师　克列缅丘格

新阿尔汉格尔斯克

摩托化军所在位置

步兵进攻方向

苏军集结地域

0　500　1000

千米

◎ 8月20日战局总览

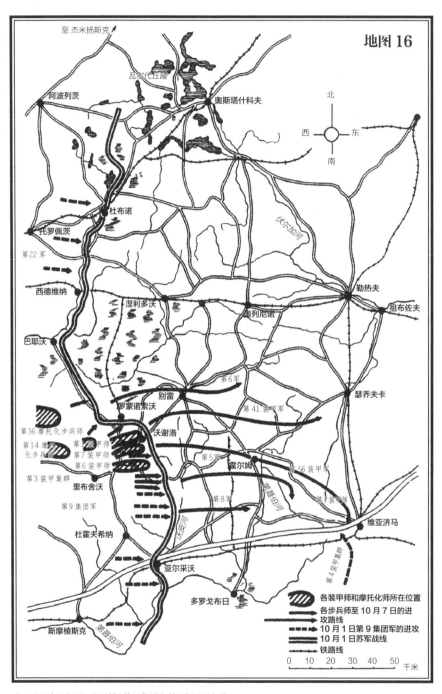

地图 16

至 杰米扬斯克
瓦尔代丘陵
阿波列茨
奥斯塔什科夫
北
西　东
南
伏尔加河
杜布诺
托罗佩茨
第 22 军
西德维纳
涅利多沃
奥列尼诺
勒热夫
担布佐夫
巴耶沃
瑟乔夫卡
第 6 军
别雷
罗蒙诺索沃
第 41 装甲军
第 36 摩托化步兵师
沃谢洛
第 14 摩托
化步兵师
第 2 装甲师
第 7 装甲师
第 6 装甲师
第 5 军
霍尔姆
第 56 装甲军
第 7 装甲师
第 3 装甲集群
里布舍沃
第 9 集团军
第 8 军
杜霍夫希纳
沃皮河
维亚济马
第 4 装甲集群
亚尔采沃
多罗戈布日
斯摩棱斯克
第聂伯河

各装甲和摩托化师所在位置
各步兵师至 10 月 7 日的进攻路线
10 月 1 日第 9 集团军的进攻
10 月 1 日苏军战线
铁路线

0　10　20　30　40　50
千米

◎ 1941年10月1—7日第3装甲集群和第9集团军态势

目录
CONTENTS

第一章
导言

战术、战役和战略的界线

想要学习战争历史的人不单是为探究史实，还是为从中汲取经验，因为在未来的战争中必须处理极为广泛的问题，核武器的使用已经改变了战争形式。那么过往战争的经验对未来的战争还有效吗？鉴于军事领域的技术进步，人们普遍会坚定地给出否定答案。而反对观点则不分年代地将过往的军事概念均视为永恒的瑰宝。但简单地声称历史上的战争学术仍然具备和以前一样的意义，显然是不适合的。对历史中的战争经验持怀疑态度的观点认为，由于当前空军拥有威力巨大的毁灭性新式武器（原子弹和氢弹），已经从原来的辅助性军种一跃成为"总体战略中最重要的因素"，至少在战争初期是这样的。

这些新式武器对战争各个方面并未都造成大程度的影响，而是在战略和战术层面远超过在战役层面的影响。因为我们在本书中主要描述的是"战役"，因此需要给这个术语下个定义。

克劳塞维茨[1]只是区分了战略和战术的区别：他把类似"作战基地"和"作战线"这样的词汇划分在战略范畴，从而区分战略或战术的"行军"。克劳塞维茨很讨厌同"策略的艺术"相关的词汇，这会让他在18世纪忽略掉战役行动这个概念。在非军事领域"战略"这个词汇经常出现，但大多数军人则使用"战术"一词。19世纪以后，特别是在德国，随着战争越发复杂【比如战争范围的扩大、大兵团的后勤供应、技术优势不断地提高、新军种的出现（如空军的出现），以及原有的政治、议会、经济和军事制度的解体】，导致战略概念的层面比克劳塞维茨的理念更高，由此催生出了"战役学说"这样的术语，以及其战术和战略的区别。

在现有的战略、战役和战术这3个术语之中，最清晰的概念应该是"战术"，其领域很明确，就是描述战斗和参加战斗的人员。克劳塞维茨称战术为"使用武装部队投入战斗的理论"[2]。这和我们目前的观点一致，尽管战术的空间和时间范围已经比他所处的时代扩展了很多。如今，战术行动并不是在战斗爆发的第一天才开始，而是在战斗爆发前就已经由空军部队施加影响了。我们今天仍然能看到在前线爆发并且持续数天乃至数周的战斗，这也就是战斗的全部，同时现代通信手段支持远距离指挥作战。

"战术"和"战役"之间的界限是相当清晰的，相比之下"战略"和"战役"的区别就有些模糊不清了。克劳塞维茨称战略是"为达到战争目的而对战斗的运用"[3]，这个概念似乎有点狭隘而教条。根据克劳塞维茨的观点，战略的主要范畴就是战争计划，部署军队以及思考其他国家可能做出的反应。战争计划要求明确战争的意图与目标，并且寻求构建核心力量、判明敌国的弱点，以及其政府的意志力，以便决定究竟应将我方的主要力量施加在哪个要害点。正如我们所见，战略范畴主要是政治家需要考虑的问题这是无可置疑的，因为"战争是政治的延续"[4]。在战争计划中做出错误的评估或者战争计划存在缺陷，其严重后果是用任何军事手段都无法弥补的。人们往往指责希特勒在1940年迅速击败法国后，对如何继续并结束战争没有一个清晰的概念[5]。法国投降后，立即联合陆海空三军力量进攻英格兰的机会无法予以利用，因为从未做过登陆作战的准备工作。

战略以及政治，并不仅仅是决心策划战争，同时也是对其进程施加影响。而战争势必有一个明确的解决，因此制定战略必须时刻保证能实现最终目标（一般来说这个目标是压倒敌人），必须集中力量打击敌对势力的心脏，因为敌人是不会被次要方向的战役削弱的，需要寻求决战以保证取得决定性的胜利，那么接下来的战斗必然势如破竹。

接下来我们就要谈谈"战略"和"战役"的区别了，因为负责政治和战争两个方面的人物经常就这个问题展开争论。军人往往认为政治家在战略层面是较有优势的，政治家考虑的问题是"战役"之外的事情，也就是说战役范畴的特点就是和政治因素绝缘，但是事实并不这么简单。1866年俾斯麦下令停止在波西米亚继续展开军事行动时，遭到了从军事角度思考问题的国王的强烈反对，虽然今天看来俾斯麦的决策是合理的。但下面这个例子可能更有助于我们理解，由于政治、意识形态和军事等多方面因素的影响，希特勒在1940年秋天临时决定放弃对英国的进攻，转而进攻苏联，这是个战略性的决策。进攻苏联的战争指令（"巴巴罗萨命令"）中包括了战争的目标，除了给陆海空三军的命令之外，也包括政治和经济上的考虑。这些"指令"是战略范畴的，尽管是由德国国防军最高统帅部拟定。然而在1941年1月31日，由最高统帅部发布的"'巴巴罗萨'行动部署"是以"巴巴罗萨命令"为基础指定的，而这就是个战役性质的文件。

因此可以说战略是战争中最高领导层需要考虑的问题。其实这并不是本书的研究方向，而是提到1941年夏天的军事行动时，却不得不涉及的问题。

现在我们试图阐明"战役"的概念。这一概念一般来说囊括单一战区依据战役计划或战役设想展开的种种行动。最初包括"展开命令"[6]，一般包括军队为实施战役调拨的兵力和编制，战役所要达到的行动目标，敌军可能动用的兵力与编制，以及下级部队和预备队的命令。根据老毛奇的理论，在和敌人初次接触之后战役计划往往不会一成不变。

"战役"这个概念是从"展开"发展而来的，也就是说，预先做好准备的部队投入战斗。典型的案例是1866年和1870—1871年的战争中老毛奇所做的工作，以及美国内战期间军队的长距离行动。特别是在1870—1871年普法战争期间德国军事领导层的部署，通过快速而大胆的行动，最终达成展开决战的意图，在政客担忧的外部势力介入、军人成为牺牲品之前，战争就结束了。然而，老毛奇虽然在自己的军人生涯末期连续取得辉煌的胜利，他仍然要全力克服一个问题，那就是在未来的战争中，参战各国都动员大兵团投入战斗，而战争是否仍然能如同1866年和1870—1871年的战争那样结束，他想要弄明白是否能够通过政治手段让未来的敌人求和。[7]第一次世界大战验证了老毛奇的论断：西线的堑壕战给战役行动留下的回旋余地相当狭小。在两次大战之间的德国，为在战争中夺回区域战役行动自由，其率先使用装甲部队执行战役任务，而非战术任务。这种战役的概念和现代的分析相吻合。[8]

核战争

在更详细的讨论"战役"这个概念时，我们要探讨在未来战争中可能发生的变化，特别是有关装甲部队投入战役行动的问题。

讨论的目的并非是彻底弄明白原子理论和核战争。实际上，我们的意图是检验在对战场目标使用核导弹和核炸弹的情况下，会对装甲部队的战役使用造成多大程度的改变。为此我们必须要参考战略和战术层面的情况，以理解核武器对战争的影响。

核战争对政治和战略的影响

原子弹最初就具有战略目的，它本来是为迫使已经在海空战场战败的日本帝国迅速接受和平条件。单枚炸弹毁灭性力量的相关消息震惊了全世界，认为这将会给战争的形式带来颠覆性的改变。人们以为只使用几枚炸弹而不必大动干戈就可以迫使一个巨大的帝国投降，但这种错觉随着几个世界级强权国家纷纷拥有核武器而破灭了。朝鲜战争作为一场常规战争，也增加了人们自1945年以来原子弹能否在战争中投入使用的疑虑。一位著名的英国军事作家，由于被认为低估了技术对战争的影响而备受争议，他1953年写道"如果仍然会爆发战争，原子弹确实是一种能够改变战争形态的手段，但是不会改变最基本的战术，或者说其对战争的影响不会超过火药的诞生。"[9]

然而，原子弹的存在对国际关系产生的影响也不应该预估过高。只有在涉及军事政治重要性的时候才会考虑到原子弹的影响。[10] 只有能够生产核武器的国家才能声称跻身超级强权的行列，再没有哪个国家是无懈可击，也非无法自保，这有可能迫使所有国家都成为超级强权。原子弹在遏制方面的功能是靠不住的，因为人们都知道，无论是潜在敌对的有核国家，还是负责任的政治家，都不会真正将原子弹投入使用。核战争的威胁，是用寡廉鲜耻的政策，将原子弹从威慑转化成讹诈的工具，这给国家政治带来了一种前所未有的不确定性因素。缺乏政治意愿的自由，会令国家疲弱萎靡，对大国来说，为摆脱这种状态，一场先发制人的战争比任何手段都充满诱惑。同时，核武器的出现在全球民众中间造成一种恐慌，即未来爆发的战争有可能毁灭一切。

即使是在战略领域，核武器的出现也令军事策划和部署发生了彻底的改变，战略考虑的重点很明显转移到了如何实施和防御战略空战。时间和空间都是决定性的因素。通过战略空战为原子弹赋予了几乎无限的毁灭力量，一旦有一方率先使用了核武器，那么另外一方就很难占到优势了。战略打击的突然性要比以往更加重要，迫使武装部队加快在战争中的响应速度。以前战争中的那种国家动员将很难出现了。甚至军队的部署方式也会受到影响，集中在铁路、公路沿线和驻地的军队将会是核战争打击的目标。

因此，核战争在战略层面的影响是相当巨大的。不仅是对战争的准备阶段和爆发阶段有影响，同时也会对战争的整个过程造成影响，特别是战争的目标。我们简单地概述就足以让大家认清战略范畴的变化，但是对军事指挥官在战争艺术领域的专业知识需求自然是不会减少。除了固有的军事谋略价值之外，军人要有把握现实的直觉，以及敏捷且富有想象力的思考，核战争要求指挥官有能力刺破不确定的迷雾，能够清晰地把握一切并果断行动，在各种情况之下保持坚定的信念，军人担负着比以往更沉重的责任。

核武器对战场的影响

在战略范畴使用原子弹，将给战争留下一个极其残忍的烙印，但是如前所述，核武器并非只有投入使用才能发挥其效力。即使是在核武库村庄战略平衡，但也存在危险，就是任何一方有可能冒着全面核战争的危险，针对人口和工业中心使用核武器。不过在战术范畴针对敌军事目标使用战术核武器的可能性是相对较高的，因为原子炮的出现已经大大增强了地面战争的火力强度。虽然在战略层面的核战争方面仍然存在想象的空间，但是由于原子炮针对战场目标的效果已经可以通过科学手段进行评估，特别是基于美国军队的测试结果[11]，因此可以提供相当多的信息。为可以让大家对战术核武器有基本的概念，这里会列出一些技术数据。以280毫米口径射程30公里的原子炮为参考对象，这种火炮每小时可以发射6发2万吨TNT当量的炮弹，相当于33000门中口径野战炮同时开炮的威力。当然这只是一种大略上的对比，因为常规火炮的射击有更适合的地形和目标。然而，有三个因素能够放大核武器的威力：冲击波、高温以及辐射。根据1945年对轰炸日本的评估，冲击波造成了55%的人员损失，大多数都是由倒塌的建筑物和被抛射的物体造成的。在战场上，冲击波造成的人员杀伤相对较低，特别是有堑壕及工事供隐蔽的人员。遭到杀伤的人员可能仅仅是紧邻爆心（也就是位于原子弹爆炸位置正下方地面）的人员，在一定距离（1000米以上）之外的坦克也不会被摧毁。

战场上的大多数损失主要是灼伤造成，特别是身体上无防护的部分。在旷野毫无掩体的士兵可能距2200米就会遭到灼伤，大约1000米的距离上，如果士兵有时间进入掩蔽壕就能避免被灼伤，而重型坦克几乎不会受到影响。

目前看来辐射造成的影响被夸大了许多。爆炸产生的辐射很快就会消失，虽然在500米距离内的辐射是致命的，但是爆心附近的坦克有时在几分钟内撤离免受伤害。

一般来说，无防护的军队在距离爆心半径为1600米的范围内，会因冲击波、高温和辐射遭受惨重的伤亡，而在距离爆心3000米的步兵如果在掩体中就没有太大的危险。

这些数据表明，标准规格的原子炮弹极大地增强了战术层面的火力。未来，增加原子炮弹的威力恐怕不太现实，因为军队本身也有可能遭到辐射的毁灭性打击。另外，谁也不会就用一门榴弹炮去啃硬骨头。

最重要的结论应该是战术防御要强于进攻，防御者有工事并且分散布置，相比进攻者来说能更有效地躲避核武器的伤害，因为进攻一方不可避免地会在决定性地段集中兵力。然而这个结论也是有争议的，这取决于防御方是否会冒着遭到核打击的风险，给进攻方提供使用这种强大力量从而造成决定性结果的机会。因此我们接下来会分析战役层面，并且探讨所谓核武器对装甲部队战役使用的影响。

核武器影响下装甲部队的作战

开始研究战役范畴的问题时，我们可以跳出实验性质的分析，而利用固有的经验。就原子弹的运载平台飞机来说，我们可以利用上次战争的经验，投掷原子弹的先决条件是能够在敌方领土上空掌握制空权。而对于本书所讲述的内容来说，战争初期制空权毫无疑问是由德国掌握的。即使是苏联方面真的掌握了原子弹，但是在战争初期也很难投入使用。

和过往经验不同的是，地面作战和装甲部队的成功今后将很大程度上取决于维持制空权，至少是局部地区的短时间制空权。但这种认识本质上并不新鲜。1944年夏季盟军的登陆行动之所以能够成功，就是因为盟军的空中力量牢牢地控制住了德军战线后方的空域。因此德军装甲部队不得不寻找其他办法前往登陆点。

因此空袭并不是战役行动需要面对的新问题。这个问题在二战初期的几年里还没有暴露出来，当时装甲部队在进攻中并不需要特别考虑来自空中的威胁，因为敌方受到我军的遏制而无法有效投入空中力量。因此在未来战争中遏制敌人的空中力量也将是重中之重。

但进攻中的装甲部队若被套入一枚原子弹的杀伤范围，那么所受损失自然要比一枚高爆炸弹造成的损失大得多，特别是在爆心附近。高温、冲击波和辐射将会在短时间造成伤亡，同时对物资的损伤也要比普通高爆炸弹更严重且时间更长。装甲部队的伤亡应该比步兵部队低一些，因为无论是坦克还是无装甲的车辆都能在一定程度上抵御高温和辐射的威胁。而且装甲部队往往是以比较长的纵队方式行军，这意味着能够避开原子弹杀伤范围内的大部分损伤。综上所述，如果能够有效地避免冲击波的杀伤，同时在装甲部队的行军路线上做好洗消工作，避免沾染带来的影响，那么装甲部队可以继续进攻。除非在整个行军纵队的路线上投下多枚原子弹才能取得较好的杀伤效果。

总而言之，如果能够采取相应措施，比如说改变部队的组织，将原子弹带来的伤亡缩小到可以容忍的水准，那么核战争不会给坦克部队行动带来很大的影响。严格纪律并且分散部署，能够让装甲部队避免拥挤在一个狭小地域内成为易受攻击的目标，这也就意味着不能再将装甲兵集结在一个要点上。装甲部队如果要在糟糕天气下沿着恶劣的路况夜间行动，势必需要相应的车辆装备和训练。然而，装甲兵行动的基本要素（机动、速度、突然性和果断的指挥）在核战争中仍然具备重要的意义。

如果不提及导弹（而不是飞机）作为核弹头的主要运载平台及其带来的影响，那么我们的分析就难说是全面的，导弹仍然处在技术的开发阶段：很显然，尽管导弹拥有超声速，但是却没有合适的战斗部。不仅仅因导弹本身是战争的全新要素，它们的意义还在于大大缩短了响应的时间，比如说增加了战略和战术方面的突然性。[12]

对于军事历史研究要说的是，以过往的经验研究未来的战争，必须要以导弹武器的发展为根本。

对军事历史的研究

我们因此相信，在策划和实施作战行动的时候，必须考虑到核武器的使用，而对早期作战行动的研究于核战争条件下的现况并非毫无用处。我们接下来要说的是，在研究被挑选出来的战役行动时使用的方法。

我们的分析基于从未使用过的文献资料，并且引用了部分至今仍然健在的亲历者的回忆，这对我们还原真相是很有裨益的，而且他们提供了最原始的第一手材料。但如前所述，这并非是我们研究的重点。

在沙恩霍斯特和克劳塞维茨的时代，德国军队当时的观点认为战争科学是一门经验科学，很难和系统的理论联系在一起，反而与战争历史的联系更为紧密。作为沙恩霍斯特在普鲁士军事学院的学生，24岁的克劳塞维茨强烈反对将领"必须学习战争历史"的观点。他声称这与一个人是否了解史实根本不相干。[13] 他认为历史研究是一种脑力研究，并且如果有人想要通过历史事件来证明一个普遍真理，往往会引发怀疑。为证明自己的怀疑论观点，克劳塞维茨援引1796年拿破仑在意大利北部针对奥军采取的大胆行动，称其"确实是出色的果断行动，但也确实是鲁莽的行动"[14]。所以我们要避免对自己的研究做过高的估计，以为只用有限的材料就能支撑普遍的真理。

思维审慎的沙恩霍斯特的思考习惯起源于18世纪的理性主义，相对自己的学生他认为军事历史研究有更现实的意义，有自己的一套理论。沙恩霍斯特为当时的战争历史研究开创了一条革命性的道路，即减少对那些英雄人物令人血脉偾张的事迹的描述，而这同样也是我们在研究中需要避免的倾向。沙恩霍斯特认为"在过往的历史中需要理解的不是个体的行为，而是造成这一后果的环境"[15]。我们沉浸在对战役计划、指挥部和领导层个人考量的研究中，包括相关的各种文献材料，试图找出战局胜负的原因。如果军事领导人相信可以依靠自身的经验，而无视军事历史的价值，那么可能会造成灾难性的后果。比较各个战争的诸多战例，探究其得失，比较相似的情况，而且有许多经验是个人无法掌握的；只有如此一个军人才有能力正确评估军事态势。沙恩霍斯特在军事学院教授课程时宣称，那些和他争论，宣称军人应该大胆决策的人，其"看法仅仅来源于自己的观察"，他们"优柔寡断而惧怕下定决心……在此前的职业生涯中没有类似的经历……因此绝不能做出大胆的决策，因为他对历史上相似的情况一无所知，而那些经验本应该能够让他具备必要的自信"[16]。

"研究将案例变为实用的艺术"形成了德国总参谋部对军事历史研究课题的教学。课程包括教师选择并准确描述某一典型战役中的一个特别的作战行动，并且要求学生假设自己处于某一位置时，要独立地迅速做出决定。这种教学方法能强化学生做出判断的能力。不可否认的是，这种用孤立战例的教学方法有可能冒着一定风险，即学生可能只会照本宣科，并且忽视对战争全局的观念。沙恩霍斯特要求在研究军事历史的时候"必须考虑人们的生理和心理状况"，然而实际却很少有人做到这点。尽管这些因素更多地影响对战略领域的研究，但并不意味着研究战役学时能忽视它们的影响。

我们出版这本书的目的，从克劳塞维茨的角度说，是为了让领导人能够在指挥行动的时候明白最基本的作战原理；而从沙恩霍斯特的角度说，是为阐述装甲部队指挥的相关知识，使之可以在其他作战环境中使用。然而，我们也同意雅克布·布克哈特（Jakob Burckhardt）对军事历史研究所做的论断"研究历史能让我们保持睿智"。很显然，我们希望通过对文献材料的分析，为读者呈现一本全面而准确的著作。

注释

1. 参考文献：卡尔·冯·克劳塞维茨讨论术语"战略"与"战术"，战争论第2卷第1章。

2. 参考文献：克劳塞维茨，第2卷，第1章，第169页。

3. 同上。

4. 参考文献：克劳塞维茨，第8卷，第6章，第891页。

5. 参考文献：埃里希·冯·曼施泰因，Verlorene Siege, Bonn: Athenäum-Verlag, 1952, p. 153ff.

6. 格奥尔格·冯·佐登施特恩（Georg von Sodenstern）将军在卓越的著作《Operationen》（Wehrwissenschaftliche Rundschau, vol. 3, p. 1）中，指出兵力部署属于战略范畴，因为展开命令不会受到敌方意志的影响，而在战役展开之后"我军的意志将很快和敌人的意志相碰撞了"（毛奇）。

7. 参考鲁道夫·施塔德尔曼（Rudolf Stadelmann）Moltke und der Staat,克雷菲尔德（Krefeld）：Scherz-Verlag, 1950, 记述了更多关于不问政治的老毛奇以及继承了他政治观点的阿尔弗雷德·格拉夫·冯·瓦德西（Alfred Graf von Waldersee）的细节。

8. 贝克大将在二战爆发前不久的一篇文章中，发出警告反对"迷信战役行动的力量"（Ludwig Beck, Studien, edited by Hans Speidel, Stuttgart: K. F. Koehler, 1955, p. 85），并且怀疑使用坦克能否促进攻势的推进（Beck, p. 59）。

9. 参考文献：J. F. C. 富勒 'Der Krieg und die Zukunft', Wehrwissenschaftliche Rundschau（1953）。

10. 参考文献：详情见赫伯特·冯·博尔施，'Politische Paradoxien des Atomzeitalters', Außenpolitik, issue 7（1951）。

11. 格奥尔格·库珀·莱因哈特（George Cooper Reinhardt）和威廉·罗斯科·金特纳（William Roscoe Kintner）在书中（Atomwaffen im Landkrieg, Darmstadt: Wehr-und Wissen-Verlag-Gesellschaft, 1955）曾经提到了核武器威力的一些细节以及防御核武器的手段。

12. 蒙哥马利元帅在1956年4月对一次指挥部推演做出评价"我们已经进入了制导导弹时代"。见 Wehrkunde, issue 8（1956）。

13. 参考文献：克劳塞维茨1804年的短文，Strategie, ed. Eberhard Kessel, Hanseatische Verlagsanstalt.

14. 参考文献：克劳塞维茨，第2卷，第6章，第237页。

15. 参考文献：沙恩霍斯特，'Nutzen der militärischen Geschichte', 引自莱茵哈德·霍恩，Scharnhorsts Vermächtnis, Bonn: Athenäum-Verlag, 1952, p. 70.

16. 参考文献：沙恩霍斯特，'Bruchstücke über Erfahrung und Theorie', 引自 鲁道夫·施塔德尔曼，Scharnhorst: Schicksal und geistige Welt, Wiesbaden: Limes-Verlag, 1952, p. 155ff.

第二章
背景

战役计划的起源

如今，有关侵苏计划的正反观点已随处可见[1]，关于政治和战争之间的相互作用关系不在本书讨论的范围之内。然而，研究希特勒如何在预期中击败苏联，为落实自己的意志如何进行组织，还有就是德国陆军总司令部（OKH）如何将他的意志转变为行动，这对我们来说是很有必要的。特别是陆军总司令部必须决定战争计划和以此为基础的战役计划。正如我们所知，战争计划通常并不仅仅狭义地指某个书面文件，而是包括了高级军事将领提交的建议，以及他们同希特勒的会谈。

陆军总司令瓦尔特·冯·布劳希奇（Walther von Brauchitsch）陆军元帅1940年7月21日同希特勒开会时获悉，后者正在考虑进攻苏联。布劳希奇得到的指示是"准备解决俄国问题并且进行理论准备"[2]。然而出人意料的是，德军总参谋部面对的这个问题是25年来从未触及的。布劳希奇甚至在对战争目标一无所知的情况下就展开了准备工作。最早在1940年7月26日，东线外军处（FHO）处长艾伯哈特·金策尔（Eberhard Kinzel）中校向陆军总参谋长弗兰茨·哈尔德（Franz Halder）上将报告，汇报了侵苏战争的一些基本原则。金策尔的结论是"最佳战役选项是沿着波罗的海推进，直取莫斯科，然后从北线压迫乌克兰的俄军背黑海而战"[3]。第二天总参谋部作战局局长汉斯·冯·格赖芬贝格（Hans von Greiffenberg）上校建议，应该在南线部署较强的集团军群。在权衡这两个方案之后，哈尔德更倾向于加强北线兵团的方案，因为这样可以在和南线苏军交战之前就冲向并夺取莫斯科。[4] 7月29日哈尔德命令德军第18集团军（当时该集团军大多部队都驻扎在东线）参谋长埃里希·马尔克斯（Erich Marcks）少将前往柏林，要求他制定侵苏战争的作战计划。与此同时，希特勒本人更倾向于在秋季发动对苏战争，他通知布劳希奇，应该在4到6周的时间里将部队部署到苏德边境，而作战的目标应该是"击败苏军或至少占领适当的苏联领土，以避免敌人轰炸柏林和西里西亚工业区"[5]。

7月31日，希特勒较为详细地阐述了自己的意图，哈尔德的记录如下：

他仍然希望在今年进攻苏联。但这是不可能的，因为战争会持续到冬季。停顿将引发担忧。只有一口气打垮俄国，战役才有意义。目标是摧毁苏联的战争活力。仅仅夺取领土是不够的。战役必须分成两个阶段：（1）沿第聂伯河直扑基辅。（2）通过波罗的海国家进击莫斯科。最后，从南北两个方向发动钳形攻势。

希特勒认为对苏战争动用120个德国师就足够了，留下60个师负责占领挪威、法国、比利时和荷兰。[6]

1940年8月1日，马尔克斯制定的计划得到了哈尔德的高度赞赏，1940年8月5日该计划被暂定为"东方行动"[7]。 这一草案是德国后来侵苏战争计划的蓝本，不过该计划后来根据进一步的考虑，以及政局的变化和希特勒的干预而有所改变。马尔克斯计划的核心思想史：德军应该从波兰北部和东普鲁士向列宁格勒发动主攻，以便摧毁北线的苏军兵团。为此将投入18个机动师和50个步兵师，包括一个配属3个装甲师和12个步兵师的集团军，将投入普斯科夫和列宁格勒之间的北翼。而对乌克兰的苏军展开攻击也是"不可避免"的，因为德军必须要保住罗马尼亚的油田。由于此时罗马尼亚的政治态度尚不明朗，因此只有少数部队部署在波兰南部，而在普里皮亚季沼泽以南也只能集结相当有限的部队。"东方行动"计划中为此集结了11个机动师和24个步兵师，他们的主要目标是夺取基辅。而德军还会集结8个机动师和36个步兵师作为预备队，主要目的是支持德军的北线兵团。

一旦占领了莫斯科和俄罗斯北部，德军北线兵团将会转兵南下，配合南线兵团投入战役第二阶段，目标是占领乌克兰并最终进抵罗斯托夫—高尔基—阿尔汉格尔斯克一线。

作为对马尔克斯计划的回应，哈尔德强调应该在罗马尼亚态度明朗时，利用其领土（在战争爆发之后，将会从德国向罗马尼亚调动一个集团军），并且莫斯科方向的集群会将夺取波罗的海国家作为辅助目标。[8] 马尔克斯奉命按照这一意图对计划进行了修改。

还有不少资深的参谋军官就对苏战争的计划发表了自己的看法。我们并不知道他们的意见或者国防军指挥参谋部（WFSt）的研究对1940年9月最终形成的计划会造成什么影响。

1940年9月3日，新任陆军总司令部军需总监弗里德里希·保卢斯少将受到陆军总司令部的委托进行作战推演。在1940年10月29日的一份备忘录里，保卢斯记录了自己对推演的看法。[9]

除了这些理论上的研究之外，德军也从西线向东部边境调动，1940年10月26日调动完成，目的是在苏军集结地域当面秘密集结，并且为接下来东线战役的部署作准备。1940年12月5日，哈尔德将原先对战役计划的分析结果提交给了希特勒。而这将在1940年12月18日发布的有关侵苏战争的总命令，即第21号元首令（"巴巴罗萨"行动计划）中体现出来。

军事和政治形势

然而就在此时，一系列军事和政治事件发生了。苏联吞并了波罗的海三国，扩展了其北方领土。此前，苏联在1940年6月将比萨拉比亚和北布科维纳纳入了自己的势力范围。8月30日德意在维也纳仲裁，强迫罗马尼亚割让了相当的领土给匈牙利。与此同时，德国公开声称对罗马尼亚的边境进行担保，并且在得到罗马尼亚政府的同意之后向该国调兵，派遣了一个军事代表团，一个得到坦克加强的摩托化步兵师和空军的"教导单位"。主要任务是"保卫罗马尼亚油田免遭第三方势力的侵入或摧毁"，并且准备在罗马尼亚部署德国和罗马尼亚军队入侵苏联。[10] 在1940年8月的德军武装力量计划中，由于可能展开对苏战争，通过减少兵力增加了编制，将部队增加到180个师，包括20个装甲师和17个摩托化步兵师。不列颠之战于8月底开始，但是德军最终并未入侵英格兰，反而是德国空军损兵折将。因此到9月底的时候登陆作战计划不得不延期。相比之下，在大西洋沿岸，德国和西班牙就夺取直布罗陀的谈判在10月底再无进展。1940年9月27日，德国、意大利和日本签署三国同盟条约，达成了影响深远的政治目标。当年9月意大利开始在北非展开进攻，到12月初意大利军队遭到英军的痛击，因此需要德国介入北非。在巴尔干，意大利军队以少量兵力从阿尔巴尼亚入侵希腊。希腊军队通过反击将意大利军队赶回了阿尔巴尼亚，而英联邦军队在希腊和克里特登陆，因此德军不得不向巴格干地区调动8个师。11月12日，德国方面在柏林同苏联外交人民委员维亚切斯拉夫·莫洛托夫（Vyacheslav Molotov）进行的谈判进展也不是很顺利。

同夏天相比，在法国被迅速击败之后战局似乎有缓和的迹象，德国的军事政治处境正在恶化，而德国普通平民对此一无所知。造成这种情况的原因是由于德国空军空袭英国失败，意大利在利比亚和巴尔干的挫折，德国登陆计划的推迟以及苏德谈判的迁延。当然大多数德国人都认为战无不胜的德国军队将会继续胜利下去，而由于苏联方面稳定的出口，德国的粮食供应也令人满意，只有少数平民及军人能预料到会很快展开对苏联的战争。

在这种情况下，在1940年12月上旬，德国必须要做出至关重要的决策，以便应对未来的两线作战局面。

"巴巴罗萨"

前文提到过，1940年12月5日哈尔德向希特勒汇报了作战计划，这一计划几乎围绕着唯一一个意图，即如何彻底粉碎驻扎在俄罗斯西部的苏联红军。俄罗斯西部被普里皮亚季沼泽一分为二，这是一个众所周知的问题，因此哈尔德建议将德军东线部队的主力（2个集团军群）布置在沼泽地以北，南线则布置德军1个集团军群和罗马尼亚部队以突入乌克兰。哈尔德还指出：

普里皮亚季以南的道路网络情况较差，路况最好的公路和铁路位于华沙—莫斯科地区，因此战区的北半部分比南半部分更有利于展开大规模运动。而我们在这个方向有可能遇到苏军主力。敌军很有可能被迫在第聂伯河—德维纳河一线以西投入交战，以保卫其在莫斯科和列宁格勒，以及乌克兰的武器工业。先头的装甲部队应该撕开宽大的突破口，然后粉碎敌人的抵抗。主要突击力量应该位于3个集团军群的中央，即从华沙到莫斯科方向。整个战役的最终目标应该是直抵伏尔加河和阿尔汉格尔斯克。[11]

战役存在的其他可能性显然没有进行讨论。

希特勒对这一计划表示同意，他摒弃了自己1940年7月31日的想法，即从南北两翼展开大规模的包抄。然而，希特勒提出了一个新的问题，这将对1941年夏天的行动产生重大影响。他说："在北线将敌军包围在波罗的海国家是适宜的，为此中央战线应当有充足的兵力能够适时转兵向北；此后才能决定是否向莫斯科进军，或是直击莫斯科以东地区。"希特勒强调在战争爆发的初期就要歼灭敌军主力，使苏军无法形成一个连绵的防线。而德军的攻击应该尽可能向东延伸，以保证第三帝国本土免遭红军空军的空袭，同时还能让德国空军空袭苏联的工业地区。这样就必须歼灭苏联的武装力量并且防止其重建。[12]

1940年12月17日，国防军指挥参谋部部长炮兵上将阿尔弗雷德·约德尔向希特勒提交了"巴巴罗萨"行动的草案。但这个计划并未得到希特勒的批准，因为它是基于陆军总司令部的方案而制定的，将主攻方向放在了斯摩棱斯克到莫斯科一线，并没有体现希特勒本人在12月5日所表达的意图，即在波罗的海国家围歼苏军主力。[13]希特勒特别指出：

应该在普里皮亚季沼泽两边集中主力突破苏军前沿，以摩托化重兵夺取东面的地域，便于向南北两面转变进攻方向。向北转向的意图是要遏制敌军有可能从东面发动的反击。必须迅速夺取波罗的海沿岸地区，使苏联海军舰队不能切断瑞典到德国的矿石供应。如果苏军迅速瓦解，除了扫荡北线之外，还可以投入兵力在中央方向，向莫斯科进攻。[13]

因此需要对作战计划进行修改，而希特勒在12月21日将自己的意见传达给了布劳希奇。

与此同时，布劳希奇接到了希特勒的第21号元首令（"巴巴罗萨"行动）。这份指令的原文可以在其他文献中看到[14]，因此本书不再赘述，只讨论和战役有关的部分段落。德国武装部队不得不为"迅速打垮苏俄的战役"做准备。该指令内容如下：

　　应以装甲先锋部队的大胆推进，歼灭位于俄罗斯西部的苏军主力，同时还要避免敌人将具备战斗力的部队撤退到纵深地带。需要快速追击敌军，迫使苏联空军的作战半径无法囊括德国本土。战役的终极目标是保护德国，将俄罗斯遏制在伏尔加河—阿尔汉格尔斯克一线。由于乌拉尔地区是苏联最后的工业地区，因此如果有必要的话，需要用德国空军摧毁其工业。（中央集团军群所赋予的任务）以有利的装甲兵和摩托化部队，从华沙周围及其以北地区展开进攻，粉碎白俄罗斯地区的敌军。可以以强大的机动部队转兵向北，配合从东普鲁士出击的北线兵团，总方向为列宁格勒，歼灭波罗的海国家的敌军。而在完成了这些最近基本的任务，包括占领列宁格勒和喀琅施塔特之后，中线部队应该继续进攻，夺取中央方向重要的交通枢纽和武器工业中心莫斯科。

　　只有迅速打垮苏军的抵抗才能同时达成这些目标……芬兰军队主力将承担这一任务，配合北线进攻的德军，阻止苏军可能向西或者在拉多加湖两岸发动的反击。

　　在普里皮亚季以南作战的集团军群，将以其强大的北翼向基辅方向展开攻击。

　　以强大的装甲兵团迅速攻击并且迂回第聂伯河以西的苏军……
　　一旦普里皮亚季沼泽南北的战斗结束，接下来就是追击：在南面占领顿涅茨盆地及其重要的战争工业，在北面迅速向莫斯科推进。夺取该城将代表着政治和经济方面的决定性胜利，此外苏联将失去最为重要的铁路枢纽。

注意事项

　　国防军指挥参谋部从1940年12月18日开始对"巴巴罗萨"行动计划进行修订，对1941年德国陆军的行动仍然有很大的影响，尽管这个计划从入侵开始前的6个月就在不断推敲了。1941年4月，在塞尔维亚进行的巴尔干战役调拨了部分南方集团军群的部队。与此同时，加利西亚地区的苏军部队得到了加强。但是南方集团军群的战役命令仍保持不变，该部完成任务的条件将更加困难。巴尔干战役的爆发使得巴巴罗萨战役行动的时间从5月中旬推迟到了6月22日，但是战役任务和目标没有变化。

如果我们检视"巴巴罗萨"行动的命令，分析陆军总司令部发布的命令是否全面，那么就要考虑老毛奇曾经提到的问题，所谓"战争目标"和"战役目标"之间的区别。"前者并不是指军队，而是参与战争的国家、敌人的首都和国家的政治力量，而战役目标主要指的是敌人的武装部队，军队是用以保卫战争目标的"[15]。由于腓特烈大帝时代的一系列战争中形成的管理，将敌人的武装部队而非地理要点作为战争的目标，所有行动的目标都是为在决战中摧毁敌人的主力。1940年7月31日，希特勒仍然对战争的首要目标抱有怀疑，"战役目标"必须是敌人的"有生力量"，"仅仅夺取领土是不够的"。战役命令会对目标进行解释，而达成经济目标是夺取战役目标之后的事情。值得注意的是巴巴罗萨战役行动的指令主要解释的是战役中的问题，这是在东线战区包括布劳希奇在内的将领所需要关注的。然而，该命令甚少提及战略范畴的问题，特别是关于"战争目标"，虽然这个问题本该和布劳希奇讨论。

第21号指令的战争目标是"打垮苏俄"。此后，在1941年8月，希特勒声称战争的目标是"彻底清除英国在欧洲大陆强有力盟友的俄罗斯"[16]。这几种说法之间含义差别比较大，而且也含糊不清。到底希特勒是否知道他应该如何结束战争？克劳塞维茨在1812年战争中曾经为俄国效力，拿破仑后来被指责在进军俄罗斯的战争中轻兵深入，而克劳塞维茨对此辩驳道：

俄罗斯帝国不是一个能够被完全征服的国家，也就是说难以被永久占领……这样的国家只能利用其弱点和内部的分裂力量才能征服。为利用这些弱点打击俄罗斯的政治实体，就必须打击这个国家的核心区域。这也就是为什么拿破仑坚持挥军莫斯科的原因，他希望动摇沙俄政府的斗志，以及俄罗斯人民的忠诚与决心。他希望在莫斯科和谈，而这也是这场战争中唯一合理的目标……1812年战争之所以失败，是因为俄国政府的不屈不挠，而且他们得到了人民的支持。[17]

这样看来，当时的俄罗斯人民政治上的落后和醉心于专制的传统，是否在1940年的布尔什维克政权下依然如此呢？新生的布尔什维克国家能否应付这场规模空前的生存之战？布尔什维克是否已经深深地植根于俄罗斯人民之中，令其甘愿为保卫苏联而付出重大的牺牲，抑或是军事失败是否意味着苏联的瓦解？而散居在俄罗斯内部的诸多少数民族是否会利用这个机会独立？最后，斯大林发现苏联政权处于绝望的军事态势之下，是否会选择谈判？这些问题都是军人无法回答的，虽然他们过度染指战争的政治目标。然而，战役目标的指定也取决于这些问题的答案，但是最根本的战略指令仍然无法回答这些问题。战役行动甚至不得不和战时经济目标进行协调，而经济目标后来也无法完成。

德军希望在第聂伯河—德维纳河以西击败苏联现役军队，后者背后则是1000万后备兵员，当然这些人需要先进行武装和训练。和老毛奇所处的时代不同的是，技术、工业和经济已经成为"国家政治力量"的一部分，因此也是战争目标。因此战略考量也应该把对这些目标的评估和它们对战斗能力的促进作用考虑在内。和消灭敌军的有生力量同等重要的，是随之而来对敌人军事工业的摧毁，而且后者拖延的时间往往更长。那么应该如何考量战争中应该攻击的目标呢？"巴巴罗萨"行动指令中企图通过陆军的战役行动，夺取顿巴斯盆地以及莫斯科和列宁格勒周边的工业地区。然而这种意图太过乐观。因为出于政治原因，主攻方向是莫斯科，能否有足够的时间和兵力占领乌克兰还要打个问号。对苏联东部更深远地区军事工业中心实施打击的责任就落在了空军的身上。但这其实也是空想。德国空军当时装备的轰炸机的航程为1000公里。即使是德军推进到伏尔加河—阿尔汉格尔斯克一线，而且这场战役不可能在三到四个月内结束，德国空军也无法轰炸乌拉尔工业区（即斯维尔德洛夫斯克州）。另外，苏联领土的东部边界也不是到斯维尔德洛夫斯克为止。现在知道从1928年开始，苏联就在西伯利亚的库兹涅茨克州建设规模更大的工业中心，连同乌拉尔工业区在内，2个工业区的面积占到了苏联领土面积的12%。

即使德国方面不情愿，也不得不承认一点，就是无论取得怎样的胜利，也无法阻止苏军在经过重创之后"重生"。那么唯一可行的办法就是不要强求完成经济目标，而是给政治目标划出一个清晰的轮廓：通过削弱苏联的军事和政治力量，迫使苏联政府和谈。因此莫斯科将同时成为战争目标和战役目标。

在战争的准备阶段，希特勒本应该为对苏战争构建一个清晰的战略基础，但他反而一心扑到了战役计划方面，而这本不应该是希特勒需过问的事务。对苏战役计划一再被大幅修改。最开始在1940年7月31日，希特勒考虑的是同时从两翼（指向基辅和波罗的海国家）发起攻击。1940年12月5日，希特勒批准了从中路直取莫斯科的计划。12月17日他又表达了新的观点，即在普里皮亚季沼泽两侧同时向东突击，然后分别向南北两个方向转兵。最后，在1940年12月18日，希特勒签署了"巴巴罗萨"行动命令，命令中的意图是北线的几个集团军群协力夺取波罗的海沿岸地区，然后再进击莫斯科。

而所有这些计划的共同点是：德国战争目标的基础是毕其功于一役。对希特勒来说这场战争必须是"迅猛一击将敌国碾碎"（1940年7月31日）。而之所以要求速战速决，是因为希特勒对未来战争的打算。在1940年6月25日与法国签署停战条约之后，欧洲大陆上的战争局势再也没有发生重大的变化，而接下来的几个月也不会有什么太大的变化。德国陆军在1940年5—6月的闪电突击同此后各个战线的裹足不前形成了鲜明的对比，这让西方国家获得了一年宝贵的喘息时间。现在对苏战争即将发动，德国陆军在1941年将要转兵东线。一旦东线战争迁延时日，那么英国必将重新夺回主动权，其后果是不堪设想的。

希特勒在苏联重演速战速决的法国战役的希望将会受挫，因为东线战争的情况（特别是战场的范围以及恶劣的道路条件）和西线大相径庭。三四个月或许足以摧毁苏联军队有生力量，占领其广大的领土乃至首都。但是正如我们已经看到的那样，德军无法摧毁苏联的生命力。因此如果仅仅是进行一场战役，那么战役目标的制定最好能够更贴近实际。

因此我们也会看到，哈尔德曾经宣称"战役的终极目标是进抵伏尔加河和阿尔汉格尔斯克一线"。到了1941年8月，他终于意识到这个目标已经无法实现了。[18]

展开命令

为执行第21号令，德国陆军总司令部在接下来几周时间里一直在做必要的部署调整，1941年1月31日下达了"'巴巴罗萨'行动展开命令"[19]。这份命令修改了21号命令关于以一场战役迅速推翻苏俄的意图，同时对其他部分也做了修改：

陆军总司令部在一系列框架命令之下的首要目标是突破俄罗斯西部的防线，应歼灭在此部署的苏军主力，同时以机动部队从普里皮亚季沼泽南北实施快速而深远的攻击，然后发展突破以便歼灭被分割孤立的敌军集群。

和第21号命令相同的是，北线的几个集团军群应当协同歼灭波罗的海国家之敌，但是这份命令并非强调要在进击莫斯科之前，必须夺取列宁格勒和喀琅施塔特，其目标如下：

在芬兰军队的配合下，肃清敌人在俄罗斯北部进行抵抗的潜力，从而保证进一步行动的自由（可能与俄罗斯南部的德军进行配合）。在保证突然性并彻底瓦解俄罗斯北部敌军的抵抗之后，有可能转兵莫斯科。

中央集团军群的作战命令如下：

中央集团军群以强大兵力在两翼推进，通过明斯克南北机动力量的协同行动包围斯摩棱斯克周边地区，粉碎白俄罗斯地区之敌，然后配合北方集团军群的大规模机动军队，创造歼灭波罗的海沿岸和列宁格勒地区敌兵团的条件。

基于此命令指定的各集团军和装甲集群的行动计划将在后文讨论。

1月31日发布的展开命令于2月1日上交给希特勒。2月3日哈尔德在布劳希奇在场的情况下，和希特勒探讨了命令的内容。哈尔德当时的讲话大意如下：

部署在边境地区的敌军大约为125个步兵和骑兵师，以及30个装甲和摩托化部队。而德军方面的部署，共有50个步兵师，22个装甲及摩托化步兵师集中在普里皮亚季沼泽以北。而其以南只有30个步兵师，8个装甲及摩托化步兵师。预备队包括22个步兵师，4个装甲及摩托化步兵师，为调动到中央集团军群后方地域。我军的目标是将苏军战线一分为二，并且阻止其撤过第聂伯河和西德维纳河。

中央集团军群和北方集团军群的3个装甲集群将向斯摩棱斯克东北方向以及西德维纳河方向进攻。最北方的装甲集群要直取佩普西湖，好以此为出发阵地，配合另外两个装甲集群向东进击。

南方集团军群应当向普里皮亚季沼泽以南和第聂伯河进攻。

接下来双方讨论了许多细节问题。希特勒同意哈尔德指定的目标，但紧接着又说：

展开作战的地域相当巨大，只有不间断的进攻才能保证包围俄军主力，让波罗的海国家、列宁格勒和乌克兰政府立即投降是不太可能的。然而俄军在最初遭到惨败之后，如果判断出德军的战役目标，很有可能大规模撤退以便在东边准备新的防线。在这种情况下我军必须不顾俄军东撤，向波罗的海和列宁格勒地区推进。然后以此为出发阵地向俄军后方的撤退方向实施打击，而不是对其进行正面攻击。这是歼灭敌军主力使其无法撤逃的根本。我们必须在敌军收缩之时包抄其侧翼，这样才能击败敌人。[20]

在接下来的几个月里，希特勒一直将主要精力放在战役方面。其中包括保护普里皮亚季沼泽的侧翼，挪威海岸的防御，保卫佩特萨莫（Petsamo）的镍矿，以及希腊战役，这些行动都是为保证侵苏战争的成功。

1941年3月30日的柏林，在贝尔格莱德发生军事政变之后3天，德国决定发动对南斯拉夫的巴尔干战役，希特勒召集参加"巴巴罗萨"行动的各集团军群、集团军、装甲集群，以及海军和空军的指挥官。到现在为止他们都接到了展开命令，并且得到了自己行动目标的大致轮廓，当然每个指挥官收到命令的行动细节都只有自己知道。希特勒再次强调了占领波罗的海沿岸地区的重要性："我们必须迫使俄国人在边境地区进行决战，特别是在波罗的海国家。北方集团军群的第4装甲集群能否进至里加湾或沿着楚德湖向北推进，切断敌军撤退向海岸的道路，将是决定成败的关键。"中央集团军群的两个装甲集群（第2和第3装甲集群）将在抵达明斯克之后转兵列宁格勒，希特勒认为这是解决战役问题的理想解决方案。他拒绝任何对展开命令做出修改的建议。

注意事项：高层领导危机？

大家认为布劳希奇没有解决在侵苏战争问题上与希特勒出现的分歧，因此他受到了抨击。[22] 现在可以肯定的是布劳希奇没有在战略和战役的问题上对希特勒施加压力。同样，布劳希奇认为战争的首要目标是摧毁苏联军队而非苏联经济。但是布劳希奇在这个问题上并没有和希特勒产生冲突。甚至在1941年1月9日，希特勒本人也肯定战争的首要目标是摧毁苏军，而在1940年12月5日和1941年2月3日，希特勒同意了布劳希奇的建议。在由布劳希奇主持的德国领导层多次商议细节的会议上，希特勒频繁地提出了许多前后矛盾的观点。正如深谋远虑的曼施坦因元帅曾经准确指出过，希特勒缺乏基于经验的军事能力，而这是他用直觉代替不了的。[21]

因此布劳希奇对于希特勒提出的各种朝令夕改的战役意见并非一味跟从，特别是现在看来后者提出的许多建议都是空洞而无用的。

但是希特勒顽固地认为要想迅速占领波罗的海国家和歼灭苏军主力，必须北调中央集团军群机动兵团作为支援。希特勒的这一决定并不仅仅是基于政治和经济考虑，也有对军事的考虑。由于北线的集结地域有限，同时涅曼河以北的第4装甲集群很难将梯次布置在波罗的海沿岸的敌军全部消灭。如果要保证进攻莫斯科的德军北翼的自由，必须要歼灭而不单单是击溃波罗的海沿岸的苏军。基于这样的军事考虑布劳希奇发出了展开命令，但他这是被迫遵从希特勒的指示，而非他自己的想法。哈尔德在1941年2月3日提交的报告中明确强调，要在西德维纳河到斯摩棱斯克的东北方向投入3个装甲集群，以如此规模的强大装甲兵力（22个装甲师和摩托化步兵师）可以配合行动。事实上德军这样的部署并非是因为后来的讨论而形成。以哈尔德的报告为基础，希特勒相信他所提出的意见能够化为现实，并且克制住了其继续干涉的念头。

希特勒和布劳希奇之间的冲突，也就是所谓的"领导层危机"，在1941年7月—8月间因为另一个问题愈发激烈，希特勒想将中央集团军群的强大力量向南调动，配合南方集团军群攻取乌克兰。但这个问题是在对苏战争爆发后出现的。

突破还是包围？

到1941年1月底，德国陆军总司令部估计苏联方面在苏德和苏罗边境地区总共集结了115个步兵师、25个骑兵师、31个坦克师及摩托化师。当然到了3月中旬，德军方面已经判明了在罗马尼亚、德国和芬兰境的84个步兵师和8个坦克师的番号。而此后，苏军也不断地向边境增调部队。到战争爆发时，德军领导层估计可能要面对苏军150个步兵师和骑兵师，同时还有40个坦克师和摩托化步兵师。所以到4月初德军估计苏军的总兵力应该超过了250个步兵师和骑兵师，而攻击最初阶段可能只能歼灭其五分之三的兵力。

敌对双方当面之兵力如下表所列：

德军兵力

	步兵师	装甲师和摩托化师
南方集团军群	30	9
中央集团军群	32+1 个骑兵师	15
北方集团军群	20	6
预备队	22	4
总计	104+1 个骑兵师	34

苏军兵力

	步兵师和骑兵师	坦克师和摩托化师
南方集团军群当面	71	20
中央集团军群当面	44	11
北方集团军群当面	31	8
其他可用兵力	104（估计）	
总计	250	39

德军最高统帅部比较青睐投入全部装甲集群实施正面攻击的方案，并且希望装甲部队呈楔形队形，向边境正面攻击，利用行动的自由发展战役，迂回敌军并阻止其向东撤退。这个方案在普里皮亚季沼泽以北应该能够成功，因为在这一战区德军的装甲部队具备优势，但是在南方集团军群当面，苏军占据二比一的兵力优势，所以很难获得行动的自由。而这种局势意味着可能要延缓南

方集团军群的进攻，将机动部队抽调到更有可能取得战果的方向，也就是北线。这样的话左翼得到加强的德军将会按照如下计划行动：

明斯克和陶格夫匹尔斯方向达成突破，歼灭敌中央方向兵力，夺取战役主动权之后，四个装甲集群继而向东北方向推进，渡过西德维纳河中游，突入波罗的海沿岸地区苏军后方地域，切断其向东撤退以及与列宁格勒之间的交通线。肃清被包围在波罗的海沿岸之敌的任务将由步兵部队解决，机动兵团应保留足够兵力，应对苏军越过瓦尔代丘陵地区向南然后再向西展开的解围攻势。此时没有装甲兵团的中央集团军群应该止步于第聂伯河，接着在其左翼梯次投入预备队。

金策尔在1940年7月26日递交给哈尔德的战役行动建议中，曾经设想过沿波罗的海实施攻击，然后直取莫斯科，挥兵南下，迫使乌克兰的苏军迎击侧翼进攻的德军。而在1941年7月底，如果德军全部装甲师在左翼协同行动的摩托化步兵师，发起攻势可以向南从伏尔加河上游的瓦尔代丘陵直扑莫斯科。这一攻势如果发展下去，德军能够迅速切断苏军主力和乌拉尔及其以东武器生产工业区的联系。实事求是地说，这个方案也要冒着左翼暴露的危险。声称采取这个方案就一定能成功，或战争最后能依靠这一行动取胜的说法都是无稽之谈。然而，这个非常大胆的方案确实有一定成功的可能性，大规模装甲部队在投入战斗的时候，应当集中主力于一点，而不是分散布置在整个战线。

评估1941年苏联红军的实力

此前已经谈过了德军对苏联红军实力的判断，自从希特勒终止了苏德军事合作，德国方面对苏联红军的情况就知之甚少了。德国方面的了解几乎仅限于1928年苏联红军开始采纳德国的训练和指挥条令，但并不知道在1937年以后大批苏军高级军官被清洗，苏军是否还在沿用这些条令。苏联士兵往往非常朴实，惯于吃苦耐劳，特别遵守纪律且在使用武器进行训练时特别小心翼翼。苏联军人往往是利用地形的专家，特别是在防御战阶段。至于说苏联军人背叛布尔什维克政权的可能性其实并不大，所以德国军队只能抛弃幻想准备苦战，而不是像纳粹党务官员那样异想天开。人们往往怀疑，苏联军队领导层难以克服与生俱来的死板教条以及无法因地制宜的缺点。

苏军的坦克汽车装甲兵被拆分成机械化旅以及少数坦克师。坦克军的编制被取消，取而代之的是个别步兵师配属了老式坦克。从这个编制就可以看出，苏军不准备像德军在波兰和法国战役中那样，用大规模坦克兵团作战。

而当时德军无法确定的是德国坦克配备的火炮在射程和穿甲能力方面是否优于苏军，虽然我们希望德军坦克炮的性能优于对手。而在苏德战争爆发前不久，希特勒就得到了有关苏军某重型坦克的模糊情报。到7月初，德军在维捷布斯克东南的战斗中与苏军重型坦克正面交锋。

总而言之，在苏德战争爆发的时候，投入战场的德军装备在质量上具备很大的优势。

德国是否为东线战争做好了准备？

自1941年1月起，德军将领才慢慢开始熟悉即将展开行动的东线战场。结果证明当时没人预料到德国会向苏联开战。德军匆忙开始印制有关苏联的地图和军事地理材料。这些地图和材料虽然细节比较丰富，但是内容老旧且不完全，其中的道路状况基本还停留在一战以前的时期。特别是各个地区的详图缺乏有关道路连接情况，以及可供机动车辆和坦克通行的桥梁的情况。

分配的机动车辆似乎完全不足以应对东线战事。此前已经提到，法国战役后，德军装甲师和摩托化步兵师的数量扩充了一倍。就拿讨论过其作战行动的第3装甲集群来说，每个装甲军下辖4个装甲师。其中第7装甲师已经在西线战役中证明其巨大价值，第12装甲师是由摩托化步兵师改编的，第19和第20装甲师是由步兵师改编的。德军装甲师原来下辖一个坦克旅，但是现在只下辖一个三营制的坦克团。不过他们现在配备了Ⅲ号和Ⅳ号坦克。以第19装甲师的坦克团为例，该团装备42辆Ⅳ号坦克、102辆Ⅲ号坦克、9辆Ⅲ号坦克改进型、以及20辆Ⅱ号坦克。新建的装甲师（特别是第20装甲师）配备的装甲人员输送车，原型是法国民用车辆，不适合东线的道路情况。特别需要指出的是德军缺乏能够越野的机动车辆，连长只能乘坐小型轿车带领队伍。摩托化步兵师的情况显然也好不到哪里去。全部3个摩托化步兵师（第14、第18和第20摩托化步兵师）都是1940—1941年冬天由步兵师改编的。他们在苏德战争爆发前几个月才配备了车辆（第18师更是在战争爆发前几天才调拨了车辆）。

德军装备的许多车辆不适合东线战场的地形，而这一点在评估作战行动时应该加以考虑。

德军战斗序列详见附录9。

战区地理（地图3、地图4、地图5、地图7和地图11）

第3装甲集群部署在东普鲁士，集结地域大致是位于吕克（Lyck）—马格拉博瓦（Marggrabowa）—拉斯滕堡（Rastenburg）—桑斯堡（Sensburg）。在攻击发起之前，集群所属各师会沿着两条公路向预定进攻集结地域苏瓦乌基（Suwalki）开进，这个地方是1939年立陶宛割让给德国的。该地域到处是森林和湖泊，拥有设施完备的公路网可直通涅曼河。第3装甲集群的预定攻击方向上有4座大桥：阿里图斯（Olita）河上有2座大桥，梅尔基涅河（Merkine）和普列奈（Prienai）河各1座大桥。涅曼河东岸部分地区是沼泽地，但是主要还是低矮的沙地植物，而只有一条公路经由瓦列纳（Varena）通往利达—维尔纽斯公路。这条公路向东跨越西别列津纳河，及其支流和涅里斯河（Viliya），经过一段大约海拔300米高的山脊，再经奥什米亚内（Oshmyany）至斯莫尔贡（Smorgon）和莫洛杰奇诺（Molodechno）通往明斯克，从明斯克再往东面的公路直通斯摩棱斯克和莫斯科。

在莫洛杰奇诺南北分布着沼泽地，夏季无法通行，只有少数沙土小路。因此只有纳尔奇（Naroch）湖以北可以通行，这里有一道狭窄的山脊经过格卢博科耶（Glubokoye）延伸到西德维纳河畔的波洛茨克。

明斯克以北地区海拔为360米，而莫洛杰奇诺以东地带的海拔明显升高。这里是原白俄罗斯—波兰边境以东地区，国境呈东北—西南走向，苏联当时沿着这条线开始着手构筑一条坚不可摧的现代化混凝土筑垒防线，不过当时尚未完工。北边的多克西泽（Dokshitsy）地区地势略低，经由列佩利（Lepel）向东可以抵达维捷布斯克。从多克西泽出发，经过具有"深厚历史意义"的别列津纳河和小村庄别列津诺，向西南方向穿越一片沼泽森林可以抵达鲍里索夫和博布鲁伊斯克，最终抵达第聂伯河。距离多克西泽以北不远有一条高速公路横跨别列津纳河，这里还能看到1812年11月29日法国近卫军经由此处向西败退时焚毁大桥留下的遗址。

别列津纳河以东的地形缓慢上升，第聂伯河和西德维纳河之间的地区分布着一些不大的湖泊，缺乏可以通行的道路。列佩利—维捷布斯克之间的道路和通往乌拉（Ula）河的支线在下雨之后会变得特别泥泞。

奥尔沙—维捷布斯克—涅韦尔以东的地形具备更典型的俄罗斯内陆地区的特点：宽广略有起伏的平原，散乱地分布着一些村庄，村中只有那种低矮破败的小木屋，还有宽阔而未经修缮的土路。杰米多夫（Demidov）南北都是开阔的原野，贫瘠的土地上种植着土豆、荞麦，偶尔还有些亚麻，劳作的主力是妇女。通往亚尔采沃（Yartsevo）—杜霍夫希纳（Dukhovshchina）—普列奇斯托耶（Prechistoye）的一路上到处都是茂密的森林。

维基布斯克—涅韦尔公路的大部分路段都是硬质路面，相比尚能通行的斯摩棱斯克—维捷布斯克和维捷布斯克—韦利日公路来说条件要好得多。西德维纳河上游方向则是大卢基和托罗佩茨，这里的沙地更厚而且道路情况也糟糕得多。这里是俄罗斯本土的边缘地带，苏联方面可能是为阻止来犯之敌而有意为之。第3装甲集群将在这一地域转战很长一段时间。

第3装甲集群及其友军可能遭遇的敌军兵团

德军的侦察发现在苏瓦乌基地区当面，苏军有3个师部署在前沿和涅曼河之间，我方判断苏军大多数主力和后方梯队都驻扎在拱卫国境线的筑垒工事地带后方。苏方在卡尔瓦里亚（Kalvarija）的西南地域大兴土木修筑混凝土工事，很显然此时这些工事很容易遭到攻击。德军怀疑在阿里图斯以东可能部署了苏军一个坦克师，没有迹象表明苏军在涅曼河一线部署了足够的防御部队，围绕利达—维尔纽斯公路周边的地域显然没有多少守军。这里可能是苏联中央方面军和北方方面军的分界线（司令分别为谢苗·铁木辛哥元帅和克莱门特·伏罗希洛夫元帅），部署在考纳斯和维尔纽斯的苏军部队可能隶属北方面军。

第3装甲集群集结地域以南的苏联领土向西突出。这支部署在"比亚韦斯托克突出部"的摩托化部队实力很强，其兵力部署有着不只是用于防御作战的意图。这些从边境到明斯克地域部署的部队是德军中央集团军群开战后的第一个目标，德军计划从南北两个方向包抄该敌。

而在第3装甲集群以北，苏军在边境部署了少量部队，而大多数保卫波罗的海沿岸的部队都部署在西德维纳河东岸。因此很难判断苏军是打算放弃还是坚守这一地区。

战争爆发之前（地图2、地图3、地图5和地图6）

根据总的作战计划，隶属中央集团军群的第3装甲集群，应当"在第9集团军的协同下，在格罗德诺以北突破国境，并且迅速向明斯克以北发起攻击，协同从西南方向发起突击的第2装甲集群，创造歼灭比亚韦斯托克和明斯克之间敌军的有利条件"。接下来应"迅速抵达该地域附近直取维捷布斯克以北，紧密配合第2装甲集群，避免敌军在德维纳河上游集结，并且保持中央集团军群下一步行动的主动权"[22]中央集团军群在进攻第一阶段将第3装甲集群置于第九集团军指挥下，集群的初步进攻目标是莫洛杰奇诺—纳尔奇湖。

我在战争爆发之后才知道，布劳希奇的战役意图是最终将中央集团军群的机动力量北调，支援北方集团军群。我作为第3装甲集群的司令，既没有收到来自国防军最高统帅部的"巴巴罗萨"行动指令，也没有收到布劳希奇的展开命令，反而是收到了中央集团军群的命令。[23]这一命令是根据希特勒在1940年1月开始下达的命令所做出的，每个将领只允许知道自己所负责任务范围以内的情况。毫无疑问的是中央集团军群方面知道在战争爆发之后，第3装甲集群会早早被调去支援其左翼友邻。事实上第3装甲集群上下都一门心思想要直取莫斯科。不过布劳希奇如果真的想要落实希特勒的指示，那么他应该一早就告知指挥官这一意图。另外有关"果敢行动"的第21号指令并未经由布劳希奇下发。他可能认为所谓的"果敢"其实是讨巧而取险之道。

关于第3装甲集群推进并越过涅曼河可操作性的一个问题，是冲向该河的战斗应以装甲师引领，还是以步兵师引领。在攻击地域将有3个渡口，距离德国边境分别为45、65和70公里。这是德军展开作战行动的关键，如果可能的话，在开战第一天就能抵达涅曼河渡口，并在当天夜间修筑军用桥梁。德军必须迅速夺取完好无损的大桥。第3装甲集群的计划是派出1个下辖4个旅的装甲师完成这一任务，因此装甲师要使用进攻地域的所有道路。而第9集团军的两个步兵军（第5军和第6军）都要跟随在装甲军之后渡河。

布劳希奇对最初突破行动的设想有所不同。他担心机动部队的战斗力甚至在战斗开始时就会被严重削弱，而步兵军如果跟在后边，和装甲矛头的距离会越来越大。因此布劳希奇力主为装甲军配属步兵，这样可以共同在边境地区集结，而步兵也可以"沿次要道路推进"。第4装甲集群司令埃里希·赫普纳（Erich Hoepner）大将直截了当地指出这种想法"根本不切实际"[24]。两位装甲集群司令之所以反对这一意见，是因为早在西线战役期间就证明了这种行动方案是失败的，当时大批步兵师的马拉车辆不顾明令禁止，拥挤在预留给摩托化部队行进的道路上。装甲师会在战斗胜利之后发现预定的开进路线上挤满了马拉大车。而很明显第3装甲集群距离大桥的位置将有一天时间得不到步兵师的掩护，这样敌军就有可能赢得时间在涅曼河彼岸建立防御。

双方争论了几个小时，布劳希奇仍然坚持己见。最后关于第3装甲集群的作战意图达成了妥协，结果是现在集群下辖的各步兵军都要运动到前沿地域，虽然要明确划定其开进路线和装甲军的区别。这个提案最终仍被采纳了。

接下来的准备是（见地图3）：第57装甲军的两个装甲师先后开进至梅尔基涅大桥附近。第18摩托化步兵师，以及大约2000辆属于空军的各种车辆要在这里过桥。

第5军将从苏瓦乌基地区出发，经过拉兹迪亚伊（Lazdijai）抵达瑟伊里亚伊（Seirijai）。因此瑟伊里亚伊—阿里图斯公路虽然情况比较好，却无法供机动兵团使用。

第39装甲军下属各装甲师将并肩开进，随后第20和第14摩托化步兵师先向卡尔瓦里亚（Kalvarija）前进，再转向阿里图斯。

第6军将经由马里安波尔（Mariampol）推进到普列奈（Prienai）。

战役的不利条件是，两个装甲军都只能每次先让1个装甲师渡过涅曼河向前推进，而且最快也要在进攻翌日才能抵达普列奈附近的大桥。

在兵棋推演的过程中，本人曾经担任司令和装甲师师长，推演表明，两个军的先锋都面临着被敌人向利达和维尔纽斯的进攻引向左右两侧的风险，装甲集群在这种情况下将被割裂。为尽可能避免出现这种情况，第57装甲军被要求以第18摩托化步兵师一部跟随先头装甲师渡过涅曼河，并且在接下来的战斗中掩护其右翼。相比之下，为保障经过维尔纽斯向明斯克及其以东地区的推进，夺取维尔纽以南的公路至关重要。

在另外一场由中央集团军群司令冯·博克元帅主持的推演中，参与者讨论了一个问题，即当第3装甲集群向西德维纳河推进的时候，接下来应该向东南方向直指明斯克。1941年3月我曾经汇报了我的战役目标："装甲师抵达多克希奇（Dokshitzy）—格卢博科耶（Glubokoye）—沙尔科夫希纳（Szarkowszczyzna）一线，主力以此为出发阵地可以攻击维捷布斯克，或者在波洛茨克渡过西德维纳河。"这与中央集团军群的意图是吻合的——"第2装甲集群和第3装甲集群分别从两侧迂回明斯克，进抵斯摩棱斯克周边及其以北地区"。因此正如陆军总司令部的展开命令，包围圈将不仅仅包括明斯克，而是扩展到斯摩棱斯克。这个目标基于如下判断，即比亚韦斯托克之敌面临被包围的危险会向东迅速撤退。而在接下来的行动应该遵循毛奇提出的原则"应在假设最有利于敌人的条件下判断各种可能性"[25]。尔后，至少用8天时间从比亚韦斯托克攻抵明斯克；明斯克之敌此时肯定已经东撤了。中央集团群司令部因此将莫洛杰奇诺湖纳尔奇（Naroch）一线作为第3装甲集群的最初目标。

1941年3月12日下发的第3装甲集群展开命令于5月23日进行了修改，其作战意图如下：

第3装甲集群在调入集团军群左翼之前隶属第9集团军指挥，应突破涅曼河以西之敌，向梅尔基涅、阿里图斯和普列奈前进，尔后夺取这几处渡口。装甲集群应不待后续部队抵达，迅速压迫维尔纽斯附近之敌，然后孤立该敌与明斯克的联系。接下来装甲集群以从北侧迂回明斯克附近之敌为目标，向莫洛杰奇诺湖纳尔奇一线进攻，再朝鲍里索夫方向东进。接着第3装甲集群配合从西南方向靠拢的第2装甲集群，歼灭明斯克附近之敌或继续扩大包围圈，向西德维纳河上游维捷布斯克及其以北方向进攻。

有一点是大家都认同的，那就是在这种交通条件下下级指挥官需要完成的目标范围太大了，这违反了毛奇提出的"一旦和敌人主力发生实质性接触，那么预先的战役计划就不再起作用了"这一准则。[26] 比较起来，如果在侵苏战争之前向各级指挥官下发介绍苏联交通情况的材料，那么他们还会有充裕的准备时间。首先很多指挥官还没有指挥装甲部队行动的经验，即使是在比较熟悉的战役方向上也没有。然后装甲集群的计划是避免"与敌主力交战"，而是突破敌军前沿的薄弱地段。

军级司令部就是在这种氛围之下收到了战役命令（见附录1a）。第57装甲军得到的命令是应当掩护右翼，以阻止苏军拱卫利达和至关重要的奥什米亚内（Oshmyany）大桥。第39装甲军从南边攻击维尔纽斯，并且应渡过维利亚（Viliya）河猛击，而不是向北追击。

展开命令中包括非常详细的有关战略集结和部队在国境集结的行动细节。6月16日，整个德国边境前沿地带部署的部队都收到了进攻命令（见附录1b）。这道命令中包括必须对预定地域进行侦查，并且估计敌人的兵力，以及展开命令发布时未能涉及的各种细节。最后，第3装甲集群发布了一道"战役展开指令"，内容主要包括根据开进行动和兵棋推演得到了经验，因为东线战场的特殊条件，这些都是各级指挥官在接下来的战斗需要了解的（附录2）。

机动部队要尽可能长时间保持隐蔽状态，由于只能在夜间展开行动，所以他们进入集结地域非常慢。现在装甲集群全体官兵都明白，他们所有的行动都指向同一个目标：

渡过涅曼河！
直指西德维纳河！

注释

1. 参考文献：比如曼施泰因, p. 152ff. Also in Kurt von Tippelskirch, Geschichte des zweiten Weltkrieges, Bonn: Athenäum-Verlag, 1951, pp. 198, 209, as well as in Kurt Assmann, Deutsche Schicksalsjahre, Wiesbaden: Brockhaus, 1951.

2. 参考文献：格哈德·L. 魏因贝格, 'Der deutsche Entschluß zum Angriff auf die Sowjetunion', Vierteljahreshefte für Zeitgeschichte, 1卷, issue 4（1953）.

3. 1946—1948年纽伦堡法庭审判材料，哈尔德日记，1940年7月26日。

4. 哈尔德日记，1940年7月27日。

5. 参考文献：魏因贝格。

6. 哈尔德日记，1940年7月31日，1940年8月1日和1940年10月29日。

7. 阿尔弗雷德·菲利皮（Alfred Philippi）'Das Pripjetproblem', Wehrwissenschaftliche Rundschau, supplement no. 2（March 1956）。在这篇颇有见地的文章中，主要剖析了南方集团军群的行动，文章中摘录了所谓"马克斯计划"（Marcks Plan）并且驳斥了部分外国刊物的观点（比如J. F. C. 富勒The Second World War: A Strategical and Tactical History, London: Eyre & Spottiswoode, 1948），马克斯将军主张"集中普里皮亚季沼泽以南全部可以动用的部队，渡过第聂伯河向罗斯托夫攻击"并且"在平斯克和里加之间取防御姿态"。不幸的是，关于中央集团军群的行动细节却并未提及。

8. 哈尔德日记，1940年7月31日，1940年8月1日和1940年10月29日。

9. 同上

10. 参考文献：赫尔穆特·格赖纳， Die oberste Wehrmachtführung 1939-1943, Wiesbaden: Limes-Verlag, 1951, p. 308.

11. 参考文献：陆军总司令部作战日志6a卷。

12. 同上。

13. 参考文献：格赖纳，第330页。

14. 参考文献：陆军总司令部作战日志1卷。

15. 参考文献：海因茨·古德里安, Erinnerungen eines Soldaten, Heidelberg: K. 16. Vowinckel, 1951, appendix 21. 古德里安 has not been subjected to a military tribunal investigation.

17. 参考文献：赫尔穆特·卡尔·伯恩哈德·冯·毛奇, Militärische Werke: Kriegslehren, Berlin: Mittler und Sohn, 1911, 第1卷， p. 72.

18. 1946—1948年纽伦堡法庭审判文件，希特勒研究报告，1941年8月22日，侵苏战争的行为指令。③ 参考文献：克劳塞维茨，第8卷第9章, p. 922.

19. 哈尔德日记，1941年8月17日。哈尔德在当天的日记中透露"俄方的力量被大大低估了"。

20. 参考文献：纽伦堡法庭审判文件 1946–48, in OKW 2705, 'Deployment Orders for Barbarossa'.

21. 参考文献：国防军最高统帅部作战日志44卷。

22. 参考文献：Tippelskirch, pp. 201, 229.

23. 参考文献：曼施泰因, p. 305.

24. 见附录1。

25. 见古德里安回忆录第136页，提及第2装甲集群也没有收到陆军总司令部下达的部署命令。

26. 1941年3月19日北方集团军群作战日志。哈尔德在跟北方集团军群首席参谋保罗·莱茵霍尔德·赫尔曼（Paul Reinhold Herrmann）中校的长途电话中提到"北方集团军群司令（威廉·约瑟夫·弗兰茨·冯·勒布元帅）希望给第4装甲集群配属较强的步兵部队。装甲集群司令（赫普纳）根据西线战役的经验，认为这种部署是很不明智的"（纽伦堡法庭审判文件 1946-48, in OKW 1653），另见古德里安回忆录，第132页。

第三章
歼灭国境地域之敌
1941年6月22日—7月1日

突破至维尔纽斯—利达公路：6月22日的突袭

6月22日凌晨3点刚过，在炮兵和第八航空军近距离支援编队的配合下，第3装甲集群的4个军以战斗队形突破了苏德国境。与此同时，航空军的轰炸机为消灭苏联空军对其机场进行了空袭。

进攻首日完全按计划进行，虽然军队夜间沿苏德国境大规模集结，但完全达成了战略突然性。对第3装甲集群来说有一件事比较令人惊讶：各装甲师奉命夺取的3座大桥全部原封不动地落到我军手里。一名被俘的苏联工兵军官供称，他得到的命令是晚上7点炸毁横跨阿里图斯河的大桥。但按照这个时间，他已经没机会执行这道命令了。第57装甲军通过一片森林茂密、湖泊纵横的地带进攻，遭遇不少守备良好的障碍，第12装甲师的坦克最初遭到阻击。然而，到当天下午我军还是夺取梅尔基涅河的大桥，并成功阻止苏军炸毁涅曼河大桥的计划。入夜之时坦克团在瓦雷纳（Varena）投入战斗。

位于塞伊内（Sejny）以东国境的第5军下辖各师很快突破了苏军边防军的阵地，后者在缺乏炮兵支援的情况下奋勇战斗到最后。在向涅曼河推进的路上，德军不断遭遇苏军的抵抗。尽管如此，第5军的先头部队还是很快抵达并渡过阿里图斯河和梅尔基涅河。

第39装甲军下辖的各坦克团沿着苏瓦乌基—卡尔瓦里亚公路进攻，在卡尔瓦里亚以南的高地遭遇苏军的威胁，甚至将第20摩托化步兵师一部投入交战。但是其实我军本不必为此大动干戈，因为苏军很快就向北撤退，丢掉了这片丘陵地带及防御工事，苏军此前曾经用1个工程营施工3个月之久。德军坦克在当天下午进入阿里图斯并且夺取完好的桥梁。由于后续步兵和炮兵的跟进速度较慢，阿里图斯的战斗一直持续到晚上。第20装甲师从卡尔瓦里亚以北迂回，中途也遭到苏军抵抗，但仍于当晚抵达阿里图斯。

第6军在马里安波尔附近遭遇强大敌军的抵抗，迟至6月23日才抵达涅曼河，但是发现普列奈河上的大桥已被炸毁。

在装甲集群以南，友邻部队北翼，第161步兵师攻至涅曼河附近的德鲁斯基宁凯（Druskieniki）。北翼友邻部队第2军向考纳斯进攻。在涅曼河以北，第4装甲集群向杜比萨河沿岸推进。我们后来才知道，第56装甲军在6月22日当天就成功夺取阿廖加拉（Ariogala）附近的高架桥。而当时我们对第2装甲集群的战况也知之甚少。

当天晚上，我们在第3装甲集群司令部（位于苏瓦乌基以东）根据所得报告和我们的个人印象，对态势评定如下：我军成功夺取涅曼河上的3座大桥，是由于敌人猝不及防及其指挥体系随后的瓦解。不出所料，我们在苏瓦乌基地域遭遇了苏军3个师的部分部队。北面那个装甲军当面是一个立陶宛军，俄国人往里掺杂了不少军官和政治委员。他们到目前为止实施了顽强的抵抗，显然是想守住涅曼河左岸。但敌人的坦克和飞机没有出现。在晴朗天气下，航空侦察没在涅曼河以东发现任何活动。据被俘的立陶宛军官供认，考纳斯附近应该部署有强大军队。敌军意图尚不清楚，在这种情况下，装甲集群应该继续向前推进，还是合拢桥头堡阵地周围的缺口？6月23日的作战应该如何组织？

对于第3装甲集群的全体官兵来说毫无疑问的是，翌日应该充分利用突然袭击所带来的种种优势。各装甲军应该继续向东进攻，以免拥挤在大桥附近。应该保证桥梁昼夜畅通，在涅曼河西岸不发生拥堵，现在没有必要下达新的命令。但是夺取涅曼河右岸的速度如此之快，倒是带来了一个新的问题。现在特别重要的一点是肃清可能在维尔纽斯附近的残敌，同时抓住一切机会夺取交通枢纽城市。第39装甲军因而接到了命令，要求该部在6月23日夺取维尔纽斯南部市区，为接下来进攻米哈伊利什基（Mikhalishki）创造条件。由于对敌军在维尔纽斯附近的部署还不清楚，因此现在明智的做法是先不要将第57装甲军通过利达—维尔纽斯东调。因为有可能需要各军在维尔纽斯西南地域协同作战，但是仍然希望第57装甲军能够迅速重新向奥什米亚内发起攻击。

另外，为保证最大限度地发挥装甲集群战斗力，我们要求将第5军和第6军从第3装甲集群转隶给集团军群。同时我们还在为将装甲集群的指挥所转移到涅曼河东岸的阿里图斯进行技术上的准备工作。

1941年6月23日，大失所望（地图3）

进攻首日出人意料的胜利之后，第二天的战果却未及预期。其原因既不是敌军的动向，也不是我军队伍和指挥官的失误，而是此前未能预料到的地形困难程度。6月23日，摩托化部队被迫通过鲁德尼察（Rudnicka）森林，这是一片多沙的丘陵地区，到处都是茂密的植被，几乎看不到一辆汽车。地图上绘制的道路走向及所有东西，实际上都是根本没有维护的土路，几乎无法供我军的车辆装备通行，特别是那些法国制造的轮式车辆。行军过程中汽车不是陷进沙地就是在爬坡之后熄火，林间道路狭窄又无法绕行，因此影响了后续行进纵队。行军纵队拉得越来越长，行军不断被打断。因为队伍太长已经不成队形，即使是遭遇微弱的抵抗也可能造成长时间的停顿，我军侧翼和后方出现的敌军散兵游勇也大大延缓了我军推进的步伐。另外，一路上到处是浓烟和森林大火，不知道是敌人有意纵火还是因为战斗引发的，不管怎么说这都加剧了我们的困难。各级军官为按时完成进攻目标，都在竭尽所能、不知疲倦地想办法维持先头部队的进攻势头。步兵和炮兵部队的官兵屡屡伸出援手，帮忙拖曳陷入泥沙的轮式车辆。在小溪上用树干铺设的小桥可能比较危险，所以工兵部队需要加固这种桥梁。我作为一个高级将领，一心希望部队能迅速推进，但看到此情此景却是心急如焚，无奈地看着"机动"部队彻底趴窝。

具体地说，当天的行动是这么安排的：第39装甲军将向维尔纽斯展开决定性的进攻，第7装甲师的坦克团将阵地移交给夜间抵达的步兵部队，然后在凌晨离开阿里图斯，迎击从瓦雷纳的训练场赶来的苏军第5坦克师。该团团长卡尔·罗滕堡（Karl Rothenburg）上校曾经在西线战役中积累了丰富的战斗经验，他汇报在经过了"迄今为止最为激烈的坦克战"之后歼灭了敌军这个师。苏军残部向东北方向溃败，几天之后在鲁德尼察森林中将仅存的坦克损失殆尽。苏军为阻止德军攻势所展开的第一次大规模行动就此遭到了失败，而最新的战报声称，曾经在6月22日顽强抵抗的立陶宛军在本日也陷于瓦解。故军在德国空军的空袭之下纷纷逃入森林，虽然已经失去了有组织的领导，但敌人仍各自为战，在多个地方展开游击战袭击我军的行军队列。另外，尽管当天天气不错，但侦察机在利达至维尔纽斯以东和维尔纽斯到涅曼河一线没有发现任何敌人行动的迹象。我们判断故军可能在维尔纽斯附近，被北方集团军群在考纳斯的攻势和第4装甲集群在内内里斯河的攻势所牵制。但是并未发现在维尔纽斯以南有苏军大兵团，因此第57装甲军奉命向原先的目标奥什米亚内进攻。该军后续部队（第18摩托化步兵师）应掩护沃罗诺沃以南的薄弱地点，防备故军从利达发起的反击。

在命令下达之时，第57装甲军先头部队（第12装甲师）已经抵达了初期目标沃罗诺沃。他们遭遇的抵抗程度和第39装甲军类似，在击破了瓦雷纳附近少数故军的抵抗之后穿过鲁德尼察森林南部地域。

两大因素尤其妨碍第57装甲军的推进。包括装载电线杆的重型卡车辆在内，第八航空军的2000辆汽车跟在第19装甲师之后，该师6月23日从苏瓦乌基和塞伊内越过苏德国境，然后就在行军半途停了下来。随着先头各师因为道路原因渐渐放慢脚步，空军的部分车辆超越了顿兵不前的第19装甲师，并且很快渡过了涅曼河。这些车辆的出现令本已经堵塞的交通更加恶化，而且堵住了战斗部队前进的道路。另外一个原因则是第5军在渡过涅曼河之后紧跟着机动部队，该军也加剧了拥堵。道路拥堵为大批故军创造了机会，他们处于"坦克专用公路"之间的地域，尚未遭到装甲部队的打击。甚至是几天之后，森林中苏军装备了火炮的一个营落在了战线后方，我军不得不为消灭该部投入战斗。第9集团军司令部指示各军"尽一切可能保持和第3装甲集群的联系"，为此组建了一个先头摩托化分队，并且得到授权可以使用"坦克专用公路"。而装甲军无法控制这样的行动，不可避免地造成更多交通问题。

由于上述种种困难，导致第57装甲军的前锋部队在6月23日才抵达利达—维尔纽斯公路沿线的沃罗诺沃，该部至少已经推进了70公里。第19装甲师迟至6月24日早上才渡过涅曼河，紧随其后渡河的是第18摩托化步兵师。

第39装甲军也未能完成当天计划的任务。6月23日下午，第7装甲师坦克团一部离开鲁德尼察森林，沿着距离维尔纽斯以南仅几公里的利达—维尔纽斯公路行进。该师师长汉斯·冯·丰克（Hans Freiherr von Funck）少将计划绕过维尔纽斯直接夺取米哈伊利什基，而仅以坦克团夺取维尔纽斯。该师的轮式车辆还远远落在后边，我们未能收到维尔纽斯西南地区第20装甲师发来的任何消息。能听到从那个方向传来的机枪声，但是战况究竟如何我们一无所知。

第7装甲师在维尔纽斯以南开设师指挥所后，我做出如下决定：继续在米哈伊利什基方向展开侦察。夺取维尔纽斯在其东北的涅曼琴（Niemenczyn）渡过内内里斯河。等后方的步兵和炮兵跟上来之后，再继续攻击维尔纽斯南部市区，必要的话应该在6月24日拂晓而非6月23日夜间发起攻击。我之所以做出这个决定是考虑到夺取维尔纽斯只是个次要的目标，如果派出坦克团会削弱主攻方向装甲师的兵力。

1941年6月24日，胜利与进一步失望（地图4）

前文所说的种种不利因素造成的后果，就是在第二天的晚上，第3装甲集群的攻击部队主力仍然位于涅曼河西岸。第3装甲集群命令第八航空军的车辆在夜间不得开动，将道路清开供战斗部队使用。我们明白空军无法及时利用涅曼河东岸的机场，而空军部队和装甲集群指挥部之间的直接通讯也中断了，这将严重影响空军对地面部队的支援。如果此时苏军动用强有力的空军部队，那么战局很有可能大为不同，而在接下来的几天中由于苏联空军的活动越发频繁，确实给我们造成了不少麻烦。

此时第3装甲集群隶属中央集团军群指挥，并且接管了集群所属的第5军和第6军的指挥权。在6月23日，第2装甲集群抵达斯洛尼姆（Slonim）以南45公里的鲁扎纳（Rozana，见地图2），并且继续以梯次队形向斯洛尼姆推进。比亚韦斯托克附近的苏军向斯洛尼姆撤退，该集群北翼部队第2军已经粉碎了苏军在考纳斯以西的抵抗。第4装甲集群南翼部队在向乌克梅尔盖（Ukmerge）进攻的路上没有遇到太强的抵抗。

维尔纽斯西南的森林中，大批立陶宛士兵干掉俄罗斯政治军官后纷纷投降。6月24日一早，第57装甲军报告第18摩托化步兵师先头部队在沃罗诺沃以南地区遭到强敌猛攻，而第12装甲师已经离开了沃罗诺沃向奥什米亚内前进。

当天早上，第39装甲军第7装甲师经过零星战斗后夺取维尔纽斯，敌军已经撤出内内里斯河。维尔纽斯城中到处都是立陶宛旗帜，德军受到热烈欢迎。而第7装甲师装甲团向米哈伊利什基继续进攻，第20装甲师抵达维尔纽斯，第20和第14摩托化步兵师正在路上，这两支部队远远落在阿里图斯河以西。根据早上的航空侦察，未在西德维纳河到明斯克—维尔纽斯一线发现敌军活动迹象，倒是新格鲁多克（Novogrudok）—利达一线公路发现敌军正在集结。

6月24日清晨，第3装甲集群司令部的考虑（地图4、地图5和地图6）

比亚韦斯托克之敌为避免被包围已经开始后撤，而该敌正是第2和第3装甲集群的目标。当天第2装甲集群在斯洛尼姆和敌军展开交战，拦住了敌军的退路并使其无法利用比亚韦斯托克—巴拉诺维奇—明斯克铁路进行撤退。利达附近的苏军试图向北突围，由于接下来几天第9集团军南翼所部在格罗德诺两侧的进展，该部苏军的突围行动越发急迫。因此，沃罗诺沃以南的第18摩托化步兵师一部暂时会陷于比较困难的境地，该师的后卫团现处在关键位置。从战役全局来看，如果第57装甲军继续向莫洛杰奇诺进攻，切断利达—莫洛杰奇诺—波洛茨克铁路线，那么向南压迫利达之敌将为歼灭该敌创造条件。

维尔纽斯方向的威胁现在已经肃清了，集团军群的目标是莫洛杰奇诺—纳尔奇湖，按照各装甲军在当天的进展这个目标应该很快就能实现。那么接下来就要做出决定，是向苏军撤退的明斯克—鲍里索夫一线进攻，还是为歼灭被围苏军向维捷布斯克推进，或者从波洛茨克南北渡过西德维纳河。整个战役行动的目标是阻止苏军在第聂伯河和西德维纳河两岸重整阵地，那么最有效的办法就是迅速占领两条河流之间的地域。此时有必要经过格卢博科耶（Glubokoye）向维捷布斯克方向采取正面进攻，估计该处敌军兵力不强。第56装甲军在陶格夫匹尔斯方向进攻的左翼当时得到了足够的掩护，其南翼则是一支齐装满员的摩托化步兵师，足以掩护其侧翼免遭经由明斯克向北撤退之敌的威胁。如果装甲集群向明斯克—鲍里索夫一线推进，势必要和仍在别列津纳河以西的敌军交战，那么后方赶来的苏军援兵就会赢得时间，在西德维纳河和第聂伯河彼岸构筑防线。在波洛茨克两侧渡过西德维纳河毫无意义，因为第3装甲集群和第4装甲集群未能按照计划在西德维纳河以北协同行动。

因此我向集团军群司令汇报了我的意图。准备在6月24日命令4个装甲师向多克西泽—格卢博科耶一线进攻，这样可以继续向维捷布斯克推进，包围利达和明斯克。一旦行动的话，那么就要做好下达相应命令的准备。第57装甲军已经尽可能加强沃罗诺沃以南地域的兵力（特别是炮兵），夺取莫洛杰奇诺铁路枢纽，并且派出各装甲师并肩推进，渡过内内里斯河经由斯莫尔贡向多克西泽攻击。第39装甲军必须在米哈伊利什基和涅曼琴渡过内内里斯河，然后调动各装甲师从纳尔奇湖以北向格卢博科耶推进。第20和第14摩托化步兵师在维尔纽斯附近待命，准备向沃罗诺沃或者奥什米亚内进攻。

一切准备就绪时，我收到中央集团军群司令部发来的电报，布劳希奇接受了我的提议。装甲集群奉命从维尔纽斯地域转向东南前进，夺取明斯克以北高地，然后和第2装甲集群紧密配合，在第4和第9集团军赶到之前包围敌军。

这道命令对第3装甲集群司令部来说是个打击，他们当时已经准备把指挥所从阿里图斯转移到沃罗诺沃。他们所做的准备都是为在接下来的几天里"在集团军左翼转变进攻方向"抵达奥尔沙—维捷布斯克一线并包围敌军，但现在看来他们的努力都白费了。我判断敌军主力仍然位于比亚韦斯托克和新格鲁多克之间。接下来几天该敌很可能企图向东渡过第聂伯河进行撤退，但是如果经由明斯克向奥尔沙撤退，那么第3装甲集群会在奥尔沙—维捷布斯克一线拦住敌军，在苏德战争爆发之前，博克和我一致同意在战役中实施弹性包围圈的战术，而反对在被迂回的敌军周围构建一个严密的包围圈。因此我为保持维捷布斯克方向的行动灵活性做了最后的努力。陆军总司令部派出了一名联络官瓦尔特·冯·许纳斯多夫（Walther von Hünersdorff）中校跟随装甲集群司令部行动，他直接对布劳希奇负责。许纳斯多夫中校乐于助人且通情达理，他乘坐飞机飞抵布劳希奇司令部，当面汇报了第3装甲集群的情况。他向哈尔德做了汇报，后者的主张同博克以及我存在分歧。哈尔德担心敌军可能经由明斯克向北突围，所以他希望机动部队在明斯克周围建立一个"对外"合围圈，同时由第4和第9集团军的步兵部队建立一个"对内"合围圈（包括新格鲁多克）。[1] 结果，布劳希奇做出了一个非常谨慎但又浪费时间的决定：第3装甲集群从维尔纽斯—莫洛杰奇诺—明斯克一线转兵，在沃罗诺沃—特拉比（Traby）—拉科夫（Rakov）—明斯克以南组成包围圈，包括明斯克—鲍里索夫公路在内。

第一个合围圈：明斯克（地图5和地图6）

考虑到前文提到过的明斯克西北的形势，第3装甲集群在绕到明斯克南边以前，更倾向于动用第39装甲军打击纳尔奇湖以北。然而，中央集群军群坚持要让第39装甲军沿着维尔纽斯—莫洛杰奇诺一线向明斯克开进。

第39装甲军以第7装甲师为先导迅速沿维尔纽斯—莫洛杰奇诺推进。该师在莫洛杰奇诺以东离开了公路，发现了一条空无一人的筑垒防线并迅速通过。该师一路几乎未遇到任何抵抗，于6月26日进入明斯克东北方的高速公路。而落在后边的第20装甲师为突破公路沿线苏军据守的筑垒工事陷入激战。6月28日第7装甲师攻入明斯克并迅速肃清了小股苏军，由于该师为躲避敌军从南和东两个方向的攻击，和第2装甲集群未能建立联系。

第39装甲军突然从维尔纽斯方向转移至明斯克方向，迫使第57装甲军向南前往纳利博基（Naliboki）森林北缘。重新整合的第18摩托化步兵师，轻松挫败了敌军在沃罗诺沃—利达公路两侧向北突破的尝试。6月25日，第19装甲师经由沃罗诺沃—特拉贝向明斯克推进，前往特拉贝时不得不强行穿过正在攻向苏尔维利什基（Survilishki）的大批苏军。该师右翼不断遭到有50吨级坦克支援的进攻。第57军军长装甲兵上将阿道夫–弗里德里希·孔岑（Adolf-Friedrich Kuntzen）身先士卒，第19装甲师不得不在行进状态下转入战斗，组成一条背北向南的宽大战线以防敌军的反击，直到6月28日战斗才告一段落。而从奥什米亚内向瓦洛任（Volozhin）推进的第12装甲师，同样在向明斯克以西合围圈阵地接近的途中陷入了激战。第14摩托化步兵师在两个师之间的结合部开进，在6月27日于莫洛杰奇诺以北遭到苏军反复的牵制性进攻。

苏军从利达向北的突围尝试渐渐停止，从6月28日开始，他们开始更猛烈地进攻明斯克以西的战线。苏军虽然精疲力竭，却不顾一切多次试图突围，每一次都以失败告终，经常还伴随着大批苏军士兵的投诚。这些徒劳无功的突围行动被沃罗诺沃—克列瓦（Krevo）一线和明斯克以北（这里的战斗条件对我军极为有利）的第18、第20和第14摩托化步兵师轻松击溃，所以各装甲师可以腾出手来经由多克西泽—格卢博科耶东进，以赶在撤退之敌前面拿下奥尔沙—维捷布斯克地域。

第3装甲集群沿着"颠倒的战线"展开行动，也就是说背向敌占区作战，而敌军很有可能以此为阵地发动解围行动。今天最不可思议的，是向集团军群提出的向西德维纳河派出战斗侦察营的建议被拒绝了，特别是他们本来可以利用那里的交通线。

令人欣慰的是第900摩托化教导旅作为援兵赶到。该旅隶属第3装甲集群指挥，负责守备维尔纽斯和该城东北方向内内里斯河上的渡口。这样第20摩托化步兵师就能肃清明斯克以北地区的小股苏军，该敌已经多次违反国际法，袭击向第7装甲师后方转运伤员的车辆。

第39装甲军任命艾伯哈特·奥斯特曼·冯·德莱厄（Eberhard Ostman von der Leye）中校为维尔纽斯警备司令，他汇报说城中局势稳定，商店开门，市民恢复正常工作。立陶宛人组建了临时政府，该政权真诚地希望和占领当局合作，号召平民承认德国政府。不过需要指出的是，希特勒的政策是维持对这些领土的占领，所以他下令解散维尔纽斯的临时政府，立陶宛行政当局的作用仅限于维持城市秩序，以致立陶宛人和德国占领当局渐渐疏远。

随着苏军对第3装甲集群西翼的攻击渐渐减弱，以及第9集团军一部的抵达，第57装甲军奉命组织第18摩托化步兵师和第19装甲师未投入交战的部队准备向西德维纳河进攻。第3装甲集群不等包围圈中的苏军被全部肃清，就坚决迅速地展开行动，因为顿兵不前与当前的作战意图相违背。布劳希奇每天都强烈要求派出主力朝东北方向出发粉碎强敌，虽然现在越来越清楚敌军已经放弃了向北突围的企图。另外，6月26日的空中侦察发现了敌军正在奥尔沙附近集结的迹象。6月25日开始，希特勒担忧德军无法维持比亚韦斯托克—新格鲁多克包围圈，不断向布劳希奇施加压力，而且希特勒对布劳希奇未能展开大胆行动深感不满。甚至在1941年6月30日，哈尔德还认为装甲部队只能为7月5日向莫吉廖夫—奥尔沙—维捷布斯克—波洛茨克方向的进攻做好准备。[2]

第7装甲师试图在鲍里索夫渡过别列津纳河并建立桥头堡阵地，但是由于东岸之敌坚守阵地导致了行动失败。在6月的最后几天里该师的西岸阵地不断遭到敌军从南边发起的攻击。苏军从明斯克以南突出了包围圈，第2装甲集群所部显然还没有封闭那里的缺口。因而第2装甲集群海因茨·古德里安大将乘机来到第3装甲集群在克列瓦的司令部，讨论协同行动的问题。

6月22日，第2装甲集群在布列斯特—立陶夫斯克两侧强渡布格河。其两个装甲军横扫当面之敌，穿过斯洛尼姆，并于6月26日抵达斯卢茨克（Slutsk）和斯托尔比谢（Stolbtsy）。装甲先锋继续向博布鲁伊斯克和明斯克进攻，迫使苏军从比亚韦斯托克撤退到巴拉诺维奇，从6月24日开始撤退之敌越来越多。集群不断命令后续部队为向北的正面部队提供侧翼掩护。6月29日第2装甲集群南翼部队抵达别列津纳河附近并向博布鲁伊斯克以北进发。北翼一个军的各装甲师一直打到了科达诺夫（Koidanov）—涅斯韦日（Nesvizh）一线，而与此同时该军的一个摩托化步兵师在斯托尔比谢—巴拉诺维奇—斯洛尼姆一线遭到苏军强大的坦克和步兵部队的反复攻击。[3]因此在明斯克包围圈的东边还有一个缺口，苏军在多次向北突围不成后转而从这个缺口突围。

会谈中古德里安和我一致同意，现在正是让装甲部队向东进攻的大好时机，否则敌人就会在第聂伯河和西德维纳河对岸组织新的防线。第2装甲集群当面是苏军主力，但是当时该集群只有2个师在包围圈，而另外7个师正在向别列津纳河推进，部分部队已经渡河。我们两人协商，明斯克—斯摩棱斯克高速公路分配给第2装甲集群左翼，而第3装甲集群则向别列津纳河以北进击，同时在高速公路及其以南地区封闭包围圈。根据这一安排，第7装甲师将在别列津纳河以西集结以便向北进攻。

6月26日，北方集团军群第56装甲军夺取了西德维纳河上的陶格夫匹尔斯大桥，同时在6月27日从陶格夫匹尔斯向上游进击。该军此后由于遭到苏军多个方向的围攻而奉命暂停前进，因而无法继续快速进攻完成战役目标。北方集团军群主力也被牵制在考纳斯和绍尔（Saule）之间。[4]

第56装甲军沿通往西德维纳河的良好公路绕过强敌急进，第4装甲集群北侧的装甲军（第41装甲军）却不走运，未能成功迂回。该装甲集群从陶罗根（Tauroggen）出发，在两个步兵集团军之间行动，6月24日就遭遇苏联坦克第1军。为包围歼灭这个苏联兵团，第41装甲军在罗森滕（Rossitten）附近被牵制到6月25日。本来该军应该在6月27日前进到西德维纳河，结果直到6月28日早上才抵达雅各布斯塔德（Jakobstadt），而当时苏军已经炸毁了河上的大桥，第41军的行程又被耽误了。[5]

注释

1. 哈尔德日记，1941年6月24日和25日。

2. 哈尔德日记，1941年6月30日。

3. 参考文献：古德里安，第139-144页。

4. 参考文献：曼施泰因，第181-185页。

5. 参考文献：乔治-汉斯·莱因哈特，'Der Vorstoß des XXXXI. Panzerkorps im Sommer 1941'，Wehrkunde, issue 3（1956）.

第四章
在希特勒的大本营
1941年6月26日—30日

（见地图1和地图5）

并不是各个战线的德军进展都像中央集团军群这么顺利，因为中央方向击中了德军最强大的装甲部队。不出所料的是，南方集团军群在战斗中遇到了极大的困难。在这一地段北翼国境的苏军并未在突然袭击之下溃退，反而迅速在慌乱中恢复了过来，并动用预备队和后方的坦克部队发动反击，多次迫使德军攻势顿挫，隶属第6集团军的第1装甲集群直到6月28日才达成了战役突破。而苏军在普里皮亚季沼泽南侧边缘针对卢茨克（Lutsk）—罗夫诺（Rovno）—日托米尔（Zhitomir）公路的猛烈反击特别棘手，第1装甲集群不得不放弃向基辅的攻击，集中主力向北与苏军展开激战。而到6月底，其南翼的装甲军先头部队仍然在斯卢奇河（Sluch）以西大约100公里的地方。

北方集团军群在西德维纳河以西遭遇强敌而毫无进展（至少有12个步兵师，而且得到了坦克的加强），尽管第4装甲集群已经夺取了该敌背后的陶格夫匹尔斯—雅各布斯塔德一线。

现在，德国领导层倒是摆脱了战争爆发前陆军总司令部提出的一个重要问题：敌人并没有向"广阔的俄罗斯大地"撤退。苏军的不断反击迟滞了我军的攻势，而苏军顽强抵抗乃至战斗到最后一人，使得我军无法封闭包围圈。至此，还没有发生决定性的战斗。中央集团军群完成了到当时为止规模最大的歼灭战，在比亚韦斯托克—新格鲁多克口袋中至少歼灭了苏联20个师。在比亚韦斯托克—明斯克方向的战斗取得大捷，令整个中央集团军群掌握了战役主动权，现在的问题是如何最大限度地利用这一优势。正如希特勒1941年3月30日谈论过的，中央集团军群下辖的各装甲集群应如何从明斯克方向向列宁格勒迅速推进？毫无疑问，布劳希奇更倾向于往莫斯科进击，博克对此的态度则更坚决。当前战局令二人坚信，在向莫斯科进攻的路上肯定会遇到强大的苏军，而中央集团军群也必然能战而胜之。但"每一场大规模会战所带来的物质和精神上的影响都是深远的，经常彻底改变局势，为采取新的措施打下新的基础。所有事情都取决于正确地分析现在的态势……"[1]。毛奇当年所做的论断在1941年也仍然是有效的。"当然，将领不要忽视其主要目标，在瞬息变换的战局中保持冷静。但是，指挥官无法根据事先的预测而下定决心，以何种方式完成自己的目标。在战役进程中他要根据各种无法预料到的情况做出各种决策。"[2]

6月26日，希特勒曾经考虑"成功包围比亚韦斯托克之敌后，将主力转移到南方集团军群，以解决当下该集团军群缺乏供应和有力援兵的困境"[3]。这很明显违反了毛奇的教诲："不要忽视其主要目标，在瞬息变换的战局中保持冷静"。希特勒此后又提出转移主力方向的建议，而当时的战场情况又完全不同了。但6月29日和30日，古德里安和我感到两个装甲集群继续向东进击比较困难，恰在此时希特勒又老调重弹，指出为夺取整个波罗的海沿岸地域包括列宁格勒工业区，应该抽调机动兵团加强北方集团军群。希特勒希望能尽快封锁住苏联波罗的海舰队，以保证德国经由波罗的海的铁矿石进口。他声称无论如何都要加强北方集团军群，因为向列宁格勒进攻将促使芬兰军队采取攻势，而芬军在拉多加湖沿岸的攻势要到7月17日才开始，而且加强北方集团军群将能够"保障向莫斯科进攻时左翼的自由"[4]。约德尔反对，因为经由列宁格勒绕行将超出装甲部队的技术能力。[5]最终，8月将第3装甲集群划归北方集团军群，而在9月由于战局的需要又将其调回给中央集团军群。值得注意的是此时希特勒并没有将自己的意志强加到军事决策中，而且并没有做出任何明确地决定。他要将装甲集群调往北线的理由表面上看是站得住脚的，当然，最终肃清波罗的海国家的苏军并保障进攻莫斯科时德军的左翼，是必要的。德军后来在冬季进攻莫斯科失败的主要原因就是侧翼的威胁。考虑到7月1日的时候还无法预知后来的种种变化，在6月30日命令第2和第3装甲集群（也就是说总共9个装甲师）主力向北越过奥尔沙—维捷布斯克—陶格夫皮尔斯一线是有可能的，这样这两个兵团就能够配合第4装甲集群，压迫敌军背向波罗的海沿岸撤退。第2装甲集群可能首先要在奥尔沙附近和敌军交战，那么这样就有必要得到北方集团军群所部的配合。那么至关重要的问题是，至少要将整个第3装甲集群投入到霍尔姆—伊尔门湖一线，以便切断苏军向波罗的海沿岸增援的途径，同时为接下来向莫斯科进攻铺平道路。

苏军如果渡过第聂伯河向西发动反击，有利于德军事先在该河以西歼灭其主力的意图。我军的摩托化步兵师能够利用别列津纳河附近几乎无法通行的地形优势遏制苏军的反击，直到第2、第4和第9集团军的后续步兵军赶上来。如果第1装甲集群在普里皮亚季沼泽以北的话，那将起到莫大的作用。在沃利尼亚（Volhynia）战胜敌军，这样就有可能令南方集团军群在斯特里（Styr）河对岸站稳脚跟，并派第1装甲集群（或者至少5个装甲师）通过布列斯特—立托夫斯克向中央集团军群的南线进击。当然这意味着要放弃雄心勃勃的夺取乌克兰的计划，虽然听上去可以操作，但希特勒不太可能支持这个计划。

后来，希特勒在1941年8月底愤恨地抱怨道，相比戈林的空军，陆军根本就没有明白，德国军队纵横千里的作战能力并不是为"自私自利的陆军小团体"服务的，而只能是为实现最高领导人的意志而服务。[6]当然现在已经找不到文件证明他是否真的说过这样的话。然而，希特勒在6月底还是克制住了自己干涉战场指挥的意愿。大概是因为希特勒醉心于北方集团军群在战役初期的胜利，特别是迅速夺取陶格夫匹尔斯。

注释

1. 参考文献：毛奇，第1卷，第71页。

2. 参考文献：毛奇，第1卷，第71页。

3. 参考文献：纽伦堡法庭审判文件 1946–48, P.S. 1799, special records. 见附录6。

4. 参考文献：纽伦堡法庭审判文件 1946–48, OKW, special records, 27 and 29 June 1941.

5. 参考文献：纽伦堡法庭审判文件 1946–48, OKW/L, War Diary, 第8卷。

6. 参考文献：纽伦堡法庭审判文件 1946–48, memorandum by Hitler, 21 August 1941.

第五章
从明斯克到西德维纳河
1941年7月1日—7日

重启攻势（地图6和地图7）

身处第3装甲集群的我们自然并不知晓最高统帅层面的犹豫不决，此时我们正在努力让已顿兵近一周的部队重新发动进攻。6月30日，我做了要求从包围圈抽调部队的报告，7月2日，明斯克包围圈不再需要4个装甲师维系，因此这几个师可以准备向西德维纳河进攻。我们曾经判断敌军可能利用我军攻势的短暂停顿调来援兵，而现在事实确实如此。7月1日根据空中侦察的报告，发现敌军在奥尔沙—维捷布斯克—斯摩棱斯克地域集结，显然该敌的意图是向别列津纳河进攻，而在西德维纳河以西并未发现敌军活动的迹象。

我在汇报中阐述的作战意图，加上敌军在奥尔沙和维捷布斯克地域集结的情报，最终说服了陆军总司令令部，批准动用第2和第3装甲集群向莫吉廖夫—奥尔沙—波洛茨克一线进攻，希特勒要求进攻部队要迅速做好准备。[1]中央集团军群命令在维捷布斯克—波洛茨克一线渡过西德维纳河向韦利日（Velizh）进攻，第12装甲师、第14摩托化步兵师和第20摩托化步兵师，仍然保持在明斯克包围圈以南和以西现有阵地，第900摩托化教导旅则向维捷布斯克进击。

由于中央集团军群下发的指令与第3装甲集群的意图一致，我得以立即下达7月2日的命令。第39装甲军先向别列津纳河以北攻击，而后向东进攻，务必夺取维捷布斯克；正在纳尔奇湖以西推进的第57装甲军在波洛茨克夺取西德维纳河畔的渡口。

这些命令引发了很强的乐观情绪。第4装甲集群已经在6月26日击碎了苏军的西德维纳河防线，并在7月2日向东进击；根据空中侦察的报告，第3装甲集群在西德维纳河沿岸将不会遭遇苏军强大兵力地抵抗，而且很可能要穿过一片没有苏军驻防的广大地区。别列津纳河周围的沼泽地域严重限制了进攻路线的选择，因此比较明智的选择是利用纳尔奇湖以西和以北状况较好的道路，苏军不太可能在波洛茨克依托已经废弃的筑垒工事进行顽强抵抗。现在对当时的战局复盘，我们本应该将装甲部队集中在一点。"狭小的"奥尔沙—维捷布斯克地域至少有70公里宽，1812年7月，俄军曾经在这里和拿破仑的大军交战，这片地域足以展开3个装甲师。如果这几个师突破该地域，同时几个摩托化步兵师席卷乌拉河和波洛茨克之间的西德维纳河流域，那么成功的机会势必要大于实际的部署，我军将部队分布在130公里的战线上，选择了两个点实施攻击。这个例子表明，在现代战争中由于空中轰炸的威胁，要求装甲部队在某种程度上分散部署，但又要求在遭遇敌军的过程中可以重新集中兵力。这是"分进合击"这一古老原则的全新表现形式！

恢复进攻之时恰逢连日阴雨，错误估计敌军实力的影响变得尤其明显。装甲部队此前在烟尘酷热之中行动，但现在不得不在泥泞的道路上开进，这些道路本身只能供马拉车辆行驶，现已经完全变成了泥海，重型车辆陷入其中动弹不得。第39装甲军的第7装甲师本来应该迅速夺取维捷布斯克，结果2天之后才抵达列佩利，也就是说2天才前进了90公里。由于一路上车辆不断陷入泥泞，该师的行军队伍拉得特别长，因此根本无法投入战斗。而在该师以西的第20装甲师跟随第7装甲师同样在列佩利遇到了麻烦。虽然新的部署明显有问题，但是装备较差的第7装甲师，还是展开了侦察行动并且下达了适当的命令。被忽视的一个事实是第3装甲集群在西德维纳河的行动，让苏军有机会开始着手系统的炸毁河上的桥梁。

第57装甲军沿着科贝尔尼基（Kobylniki）—格卢博科耶和什文乔内利艾（Sventiany）—波斯塔维（Postavy）状况较好的道路急进。在24小时的时间里，第19装甲师前卫部队从维尔纽斯经由波斯塔维向西德维纳河前进，推进了200公里。由于侦察部队在波洛茨克附近发现有苏军大部队，因此该师转向季斯纳（Dzisna）前进，然后顺流而下。7月3日，第19装甲师击溃了南岸苏军的顽强抵抗，并且集结部队，准备渡河攻击北岸苏军的野战工事。其左翼之敌在第16集团军赶到季斯纳时先行撤退。[2] 就在同一天，第18摩托化步兵师遭到波洛茨克苏军的反击，被迫放弃了渡过水际障碍，通过法里诺沃（Farinovo），为第19装甲师右翼提供掩护的计划。

而我军从明斯克包围圈中抽调了第14摩托化师，命令其经由莫洛杰奇诺增援第57装甲军。

第2装甲集群的行动同样因为恶劣的道路状况和苏军抵抗而拖延不决。而且苏军在鲍里索夫附近沿着高速公路针对德军桥头堡阵地发动了规模相当大的反击，反击得到了飞机和坦克的支援，在这场战斗中T—34坦克首次亮相。而在其他方向，第2装甲集群的全部3个装甲师抵达了苏军据守的别列津纳河岸边，在南翼的罗加乔夫方向渡过别列津纳河。尽管如此，德军仍有相当兵力被钳制在明斯克附近。[3]

北方集团军群南翼的装甲军在向奥波奇卡（Opochka，地图9）进击的过程中，在旧国境筑垒工事遭遇依托该地顽强抵抗的苏军。北翼的第41装甲军向普斯科夫进攻，7月3日该军在奥斯特洛夫附近遇到了苏军防线。该军于7月4日赶在从普斯科夫来援的苏军部队抵达之前就突破了该防线，这一地域的激战一直持续到7月5—6日。[4]

东线德军北翼的三个装甲集群就这样沿着750公里宽的正面向前推进，随着各部继续向东北和东南方向前进，这个正面只会愈发宽大。第3装甲集群似乎是唯一一个享有战役自由的集群，另外两个装甲集群仍在为此而战斗。

一名新的指挥官：密切协同

7月3日，第4集团军司令冯·克卢格元帅奉命接管第2和第3装甲集群。第4集团军重编为第4装甲集团军，而原下属的步兵军则转隶给第2集团军。[5]古德里安和我在位于明斯克东南的第2装甲集群司令部得到通知，克卢格打算命令两个装甲集群在斯摩棱斯克向莫斯科攻击的过程中"密切协同"，这样两个集群在进攻方向上将能够取得更大的优势。第2装甲集群要在罗加乔夫—奥尔沙地域强渡第聂伯河，并且集中主力沿着从叶利尼亚以南向亚尔采沃以东延伸的公路进攻。第3装甲集群应在维捷布斯克—季斯纳地域渡过西德维纳河，在第2装甲集群的配合下，击破斯摩棱斯克—维捷布斯克地域之敌，并且抵达别列斯涅沃（Beresnevo）—韦利日—涅韦尔一线。

在此期间，希特勒正在大本营重新探讨各种新旧计划，他再次犹豫不决，7月3日，希特勒宣称一旦第4装甲集团军抵达斯摩棱斯克，应该决定到底是转向东北方向的列宁格勒，还是向莫斯科或者向南方的亚速海进攻，他似乎对"坦克部队能否实施这么远距离的行动"尚有疑问。如果坦克部队可以做如此远距离的进攻，那么向莫斯科推进的任务将交给轻装部队，而第4装甲集团军应向东南开进，确保歼灭乌克兰的苏军。[6]7周之后希特勒将会做出这个颠覆性的决策。

根据第4装甲集团军7月2日收到的指示，第3装甲集群发布了"7月4日和5日行动的第10号集群令"（见附录3）。维捷布斯克和季斯纳之间的西德维纳河应该已无防御。侦察机在该河沿线及其以东只发现了少数苏军向东撤退的迹象，同时在维捷布斯克、波洛茨克和戈罗多克发现高射炮。第39装甲军奉命攻击维捷布斯克—乌拉河，并且"毫不停顿"地直取韦利日周边及其以南地区，而"其侧翼警戒部队正在多布罗米尔（Dobromyl）周边森林地带同敌军交战"。第3装甲集群命令第57装甲军在季斯纳渡口强渡西德维纳河并"经由戈罗多克在南翼保持进攻，以便令第39装甲军能够向维捷布斯克前进"。

第4装甲集团军7月2日发来的指示值得注意。中央集团军群的5个装甲军全部在第聂伯河—西德维纳河沿线从罗加乔夫到季斯纳，宽度达360公里的战线上展开攻击。所谓"密切协同"的计划实际上是一纸空谈。在这种情况下，各装甲军谈不上彼此支援。我军当时要渡过两条主要河流，不能做出敌军已经弃守的判断。苏军在别列津纳河沿岸特别是在鲍里索夫顽强抵抗，同时炸毁了河上的桥梁，而且接下来几天第3装甲集群不断遭到苏军小股部队的袭扰，指出敌军的意图是延缓德军的攻势。但是第4装甲集群现有的编制无法解决这些问题。难道要指望苏军在这一方向不战而逃吗？希特勒早在1941年2月3日就对此进行了探讨（见第2章"展开命令"部分）。

在7月3日的战局条件下各部是否还能协同作战？经波洛茨克向北扩展几乎是不可能完成的任务。在这个方向攻击的师，在西德维纳河寸步难行，就算是成功抵达戈罗多克，也难以对全线战局造成决定性影响。第2装甲集群南翼的第24装甲军经过博布鲁伊斯克，再渡过别列津纳河发动猛击，并且朝罗加乔夫方向追击逃敌。从作战角度讲渡过第聂伯河打击敌军并无必要，该军目前以及未来都可以用于向莫吉廖夫的作战。而唯有如此，第2装甲集群才能在叶利尼亚—斯摩棱斯克方向集结足够的部队。一个男人就算是精疲力竭，想要自保也得攥紧拳头而不是摊开手掌。从第聂伯河背后包抄敌军并且在东岸切断其撤退路线的计划，要比正面攻击更有效。如果第4装甲集团军各主力部队在第聂伯河以北能够"密切协同"，在第聂伯河和西德维纳河之间取得突破（也就是说在奥尔沙和维捷布斯克之间），意图向斯摩棱斯克—韦利日—涅韦尔一线东进，那么第聂伯河沿岸苏军将会被包围，并将和波罗的海沿岸之苏军部队切断，而且德军接下来能够迅速打击莫斯科。

但是下达给各装甲集群的命令却忽视了奥尔沙—维捷布斯克地域的重要性。对第2装甲集群来说，在公路以北部署最强的兵力向先诺（Senno）攻击是生死攸关的举措。同样，第3装甲集群也应以至少2个装甲师，经别什科维奇（Beshenkovichi）向维捷布斯克攻击。但实际上只有第7装甲师在奥尔沙—维捷布斯克地域遭遇苏军较强的抵抗，原因是第2装甲集群北线的各装甲师都投入到奥尔沙以南的攻击中去了。另外，我们认为第3装甲集群第39装甲军只用1个师就能攻取维捷布斯克，这样的情况下，我军显然没有意识到在适当的时间和地点集结部队的必要性。

7月3日，德军方面仍期望第3装甲集群能够弥补在明斯克浪费的时间，以突袭的方式夺取维捷布斯克并在季斯纳渡过西德维纳河。但是，苏军在沿岸部署的高射炮表明他们的防御非常积极，而第39装甲军当前的恶劣路况导致其无法迅速攻击维捷布斯克，整个装甲集群对于苏军从波洛茨克发起的攻势防御和在季斯纳的顽强抵抗一无所知。更明智的部署应该是命令第39装甲军从别什科维奇以南向维捷布斯克进攻，第2装甲集群所部从维捷布斯克以北进攻，这样的话能够缩短战线并且在目标附近收拢部队。然而，我们仍认为应该执行2天前发布的命令。此外，第57装甲军的命令是"替换第39装甲军使其可以向维捷布斯克进攻"，这与实际战况相反。事实上，第57装甲军在渡过西德维纳河并通过戈罗多克之后，才得以进入指定地域与第39装甲军会师。

第3装甲集群在7月4—5日发布的命令是一个因为误判而对战局造成不利影响的典型案例，甚至是布劳希奇当时对战局的判断都过于乐观。尽管7月3日第14摩托化步兵师将明斯克移交给第9集团军所部步兵，但是还要归建第57装甲军指挥，即使是头脑保持冷静的哈尔德也在7月3日的日记中写道"我可以毫不夸张地说战争将在40天内以胜利告终"。他接下来写道，不但苏联的军队甚至连苏联的经济都将被摧毁[7]。哈尔德之所以做出这样的判断是因为德军在比亚韦斯托克包围圈取得的辉煌胜利：苏军4个集团军的22个步兵师，7个坦克师和数个机械化旅和骑兵师被歼灭[8]。甚至是7月4日关于苏军在大卢基和涅韦尔附近组织新锐部队的情报，也未能影响我们对战局的乐观判断。

强大苏军的抵抗（地图8）

我军接下来几天的进展就不太令人满意了。7月4日，在第八航空军强有力地支援下，第19装甲师在季斯纳渡过西德维纳河。我军最初一切还算顺利。该师渡过东岸的部队开设了桥头堡阵地，并且开始搭建了浮桥，但由于苏军的反复空袭，浮桥在7月6日才完工。渡过河的步兵部队刚刚抵达北岸，就遭到了来自波洛茨克和西北方向苏军的猛烈反击。桥头堡阵地在苏军持续几天的空地控制之下岿然不动，因此我军无法继续进攻以便打通和第39装甲军的联系。甚至是7月5日第14摩托化步兵师一部从明斯克出发，赶到桥头堡阵地之后，桥头堡德军也无暇顾及。[9]

在击溃列佩利以西苏军的抵抗并修复了当地的桥梁之后，第39装甲军以第7装甲师迅速推进，该师在别什科维奇和维捷布斯克之间遭遇苏军有力部队的抵抗，直到7月5日才突破敌军防御。苏军从莫斯科调来了大约3个师，其中包括2个新锐坦克师，该敌迅疾发起反击，经过激战之后被第7装甲师击退。

第39装甲军军长鲁道夫·施密特（Rudolf Schmidt）装甲兵上将希望在第20装甲师赶上来之后重新发起攻击。我了解了战场情况之后，认为如果重新发起正面攻击，即使是取得一定进展也会很快停顿，特别是第2装甲集群北翼（第18装甲师）仍然在鲍里索夫和塔拉钦（Tolochin）之间激战的情况下。

因此在7月5日，第3装甲集群的攻势彻底停了下来。除了维捷布斯克以南苏军集团之外，在西德维纳河对岸波洛茨克和季斯纳当面有五六个苏军新锐师团集结待命。第12装甲师此时仍在明斯克忙于抓捕战俘。如何解决此刻的僵局？我决定集结手头可以动用的部队，特别是第20装甲师，在维捷布斯克和波洛茨克之间渡过西德维纳河，从敌军西南方向迂回包抄。为此第20装甲师要向乌拉河金发，我在发布命令的同时对渡河的细节做出了一些指示，吸取了在西线战场获得的经验，并且要避免该师在毫无用处的桥头堡阵地顿兵不前。尽管这些指示本身就是战术理论，但是因为步兵师和装甲师在战斗中遇到的情况有所不同，因此需要特别指出。

装甲部队渡河

在开始进攻之前为什么要先让步兵师在河对岸开设"桥头堡"阵地？一般来说要在河对岸阵地准备攻击，并且夺取部署炮兵需要的阵地。而假设渡桥的先决条件不仅仅是扩大桥头堡阵地，在这种情况下已经渡河的部队应该和未渡河的掩护部队协同行动，需要击退敌军对渡口的攻击。当然，师属炮兵渡过河对岸并进入桥头堡阵地也需要一定的时间。

而装甲师渡河行动的流程就与此不同了。当然工兵部队也需要在得到掩护的情况下在河对岸架桥（由渡河部队开设阵地），此外工兵还要清除敌军布设的雷场。一旦架桥成功，师属坦克团就要在炮兵之前率先渡河，而且不应在桥头堡停留，而是不停顿地朝预定方向进攻。师属炮兵和步兵则紧随其后展开进攻。

苏德战争期间有些德军将领对桥头堡抱有一种迷信。甚至是在没有计划渡河的情况下也醉心于此。这往往是指挥官讨厌利用坦克部队的兵力和机动性实施大胆行动的迹象。部队拥挤在狭小的桥头堡阵地里，特别是如果持续几天的话，那么往往会成为敌机空袭的绝佳目标。

架设桥梁必须在夜间施工，一方面为尽可能减少工兵的损失，另外就是可以让坦克团在拂晓发起进攻。而其他部队可以在下午渡河。

根据第20装甲师在乌拉渡过西德维纳河的过程，虽然该师7月6日陷于泥泞道路，导致装甲集群的攻势暂停，但是在渡河过程中该师的损失很少。

本人在7月7日夜间上交给第4装甲集群司令的报告（地图8和地图9）

在我从乌拉返回列佩利的司令部期间，我军已经开始于7月7日晚在乌拉着手架桥，我收到了如下的报告：

1. 空中侦察情报：敌军正经由奥廖尔—布良斯克向戈梅利运动。勒热夫—大卢基和维亚济马—维基布斯克的东西方向铁路运输繁忙。这些站点都发现有小股敌军向不同方向运动，主要是向西运动。敌军在维捷布斯克、戈罗多克和波洛茨克有高射炮集中。

2. 无线电监听发现在奥尔沙出现敌军一个新的集团军司令部。

3. 第2装甲集群通报：7月6日敌军在罗加乔夫以南渡过第聂伯河，并攻击了该集群南翼装甲军。我军攻势暂停，敌军在罗加乔夫和莫吉廖夫以西开设了桥头堡。奥尔沙敌军出现在第聂伯河西岸。

第17装甲师在先诺遭到了敌人众多重型坦克的猛攻，该部已经停止进攻。第18装甲师同样在塔拉钦陷入激战。我军意图：在7月10日和11日以一个装甲军在罗加乔夫以北渡过第聂伯河，一个装甲军在莫吉廖夫以南渡过第聂伯河，另外一个装甲军在奥尔沙以南渡过第聂伯河，同时撤出罗加乔夫和先诺战斗的侧翼部队。

4. 第39装甲军报告：第7装甲师当面战事平静。先诺以北的坦克团将来犯敌军坦克部队击退南撤，战斗中击毁4辆50吨坦克。第20摩托化步兵师于7月8日一早抵达列佩利。根据被俘苏军军官的供称，从乌拉尔出发的一个师的一部刚刚抵达乌拉附近。

5. 第57装甲军报告：季斯纳桥头堡遭到自波洛茨克来援之敌的猛攻。

6. 第12装甲师报告：从7月8日下午开始已准备好向维捷布斯克以北进攻。

7. 第9集团军司令部通报，7月10日第5、第6和第23军将分别抵达多克希齐、格卢博科耶和卢日基。

8. 从7月7日开始第4装甲集群向列宁格勒方向进攻，第56装甲军经索利齐向诺夫哥罗德推进，第41装甲军则经普斯科夫向卢加推进。

这些情况并不能完全体现战况，特别是有关第2装甲集群的情况。我当时根本没意识到，该集群打算在公路以北只留下一个营的兵力，后来克卢格通报如下（克卢格在7月7日晚上抵达列佩利，他的意图是命令第20装甲师在7月8日拂晓渡过西德维纳河）。

现在苏军的部署越来越明了。当面之敌正在全线顽强抵抗我军的进攻，而从内地和东部各军区调来的部队正在向第聂伯河与西德维纳河源源开进。敌军在奥尔沙—斯摩棱斯克—维捷布斯克地域，集结的一或两个集团军正在展开的过程中。维捷布斯克西南之敌未能充分利用其优势，但仍然竭尽所能恢复季斯纳的西德维纳河右岸阵地，其意图是掩护我军第16集团军当面撤退的苏军部队。似乎在乌拉河两岸的苏军部队都在减少。

德军的战役目标是歼灭以拱卫莫斯科的苏军。而实现从北【经由奥斯塔什科夫（Ostashkov）】和南（经由布良斯克）两个方向包围苏军的意图，我军却没有足够的机动部队；被包围的反而可能是德军。在南线德军的情况是比较危险的，由于南方集团军群的行动不利，当面之敌完全有采取行动的主动权。因此有必要各个装甲集群尽可能密切协同，在某一点撕破苏军构建的防线，也就是说，在奥尔沙和维捷布斯克之间的侧翼。

现在古德里安遵循的是"绝不平摊兵力"的原则，集中优势兵力于一点，准备向第聂伯河攻击，即奥尔沙—维捷布斯克地域以南。第3装甲集群将尽可能集中最强的兵力给第39装甲军，命令其向维捷布斯克地域攻击。除了本就隶属该军的第7装甲师、第20装甲师和第20摩托化步兵师之外，还将第12装甲师和第18摩托化步兵师调拨该军指挥。从西德维纳河南翼攻击维捷布斯克，必须在北线进攻的同时取得成果才能奏效。而奉命攻击维捷布斯克的第20装甲师最晚需要在7月11日发起攻击，同时第7装甲师要解决落在后边的敌人。两个装甲集群的攻势要几乎同时展开。

另外还考虑第3装甲集群是否要从季斯纳桥头堡抽调部队到乌拉，但是后来还是放弃了这个想法。首先第57装甲军在桥头堡被苏军缠住了，其次第23军必须准备夺回西德维纳河渡口。最后第57装甲军一旦摆脱当面之敌，能够为向涅韦尔推进的我军提供有力的侧翼掩护。

在成功突破苏军防御之后，第3装甲集群应以第39装甲军向维捷布斯克以东集结之敌进攻。在将季斯纳以北阵地移交给第23军之后，第57装甲军应当从桥头堡阵地向东北方向进击，而后向涅韦尔和大卢基进攻。第2装甲集群由于战术考虑将各装甲师从公路以北调走，部署到奥尔沙以南向第聂伯河攻击，第3装甲集群因此必须依靠自己的兵力从第聂伯河上游北进。第4装甲集团军接下来将一分为二，被第聂伯河和斯摩棱斯克附近的强大苏军分割为两个互不联系的集团。如果第4装甲集群接下来向列宁格勒进攻，那么第4装甲集团军的北翼就彻底暴露了。兵力相对较弱的第3装甲集群无法同时完成两个任务，即向东进攻和掩护集团军北翼。第2装甲集群向第聂伯河的正面攻击并不是战役重点。如果苏军坚守第聂伯河沿岸，那么正中了我们的下怀。因此我建议第2装甲集群以有效兵力防御莫吉廖夫以南地区，抽调1个装甲军沿高速公路北上，进击至第聂伯河北翼，协同第3装甲集群向斯摩棱斯克以北进攻。

如果当时我能够得到比较全面的战场信息，那么有些情况我应该会通报给克卢格。这种情况在战争中时有发生，我们只能获得部分信息。即使是我们得到了一些有关苏军的情报，但还是不清楚第2装甲集群的意图。我在1941年7月7日对战局做出的判断当时留有材料，详细内容可见附录4。

注释

1. 参考文献：哈尔德日记，1941年7月1日—2日。

2. 参考文献：奥托·冯·克诺贝尔斯多夫，第19装甲师战史，未出版内容。

3. 参考文献：古德里安，第146—147页。

4. 参考文献：曼施泰因，第186—187页；莱因哈特，"第41装甲军的进展"。

5. 克卢格的第4装甲集团军仅仅在1941年7月存在过。和后来在1942年1月以第4装甲集群重建的第4装甲集团军不同。古德里安回忆录第150页猜测第2和第3装甲集群隶属于克卢格，是因为博克要求"卸去直接指挥这两支部队的责任"。当然没有任何文件证实古德里安的推测。甚至是在1941年6月24日，哈尔德曾经考虑让克卢格或古德里安统一指挥这两个装甲集群（哈尔德日记，1941年6月24日）。

6. 参考文献：纽伦堡法庭审判文件 1946-48, in OKW/L, volume 8.

7. 哈尔德日记，1941年7月3日。

8. 中央集团军群报告（哈尔德日记，1941年7月9日）。

9. 参考文献：克诺贝尔斯多夫。

第六章
斯摩棱斯克战役
1941年7月8日—16日

激战维捷布斯克！（地图10、11和12）

7月7日下午，第20装甲师在第8航空军支援下，肃清乌拉附近西德维纳河右岸之敌，因敌军虚弱，损失甚微，当晚开始架设渡桥。7月8日拂晓，装甲团经由该桥前往河右岸。敌军夜间得到加强，现在实施猛烈抵抗。到7月9日，第20装甲师才得以以坦克为先导，开始向维捷布斯克进军。该师沿公路前进，一路俘获不少溃兵，抵达维捷布斯克时，发现城市西郊燃起大火，城中有人正在纵火焚毁公共建筑物，西德维纳河的大桥也被部分炸毁。但城中的抵抗微乎其微，7月10日即被肃清。敌军从北方和东南方向对城市的进攻均被击退，损失惨重。从北面进攻的是一个由乌克兰人组成的师，刚抵达涅韦尔和戈罗多克。

第39装甲军军长施密特将军命令位于别什科维奇的第20摩托化步兵师渡过西德维纳河，前往维捷布斯克，施密特希望将突破的重点放在这里。紧跟第20装甲师的第20摩托化步兵师及时赶到，顶住了乌克兰师的进攻。

第18摩托化步兵师奉命脱离同波洛茨克之敌的交战，向南进发。7月9日该师在乌拉渡过西德维纳河，将从戈罗多克向维捷布斯克进发，打击推进之敌的后方。

第7装甲师当面的抵抗渐渐减弱。相反，从7月8日开始，第2装甲集群在第聂伯河以北设防的部队频频警告第39装甲军，强大的敌装甲力量可能达成"突破"。尽管这些报告被证明是夸大其词，但苏军在奥尔沙附近的进攻活动仍然引发了第4装甲集团军司令部的担忧，并使其在7月8日命令第2装甲集群延缓渡过第聂伯河推进，寻求与第3装甲集群建立联系，后者正持续从南面进攻维捷布斯克。[1]然而，古德里安7月9日的急切主张——跨过第聂伯河的进攻将"决定今年这场战役的结果"——压过了更正确的判断。[2]同日，克卢格批准渡过第聂伯河发起进攻。第3装甲集群被命令不要立即动用最终于7月8日从明斯克脱身的第12装甲师，配合攻击维捷布斯克的第7装甲师，而是让该师经过先诺，以便掩护第2装甲集群攻势的北翼。因此，第3装甲集群向斯摩棱斯克北部的包抄，削弱了第2装甲集群正面进攻的优势。第4装甲集团军司令部的一系列调整，有可能促使博克7月10日向布劳希奇报告说，向装甲集群颁布命令时，陆军总司令部的介入只会使作战行动更加复杂。[3]

敌军态势越发明了。一名苏联高射炮兵军官供称，根据7月8日的命令，来自俄国南部的苏联第19集团军及其6个师将会赶到，并前往维捷布斯克以东，保卫奥尔沙—维捷布斯克地域。第39装甲军将歼灭该军团。空中侦察报告说，从东面通往斯摩棱斯克和涅韦尔的火车站拥堵情况有增无减，因为很多列车无法及时卸载。[4]涅韦尔有个大型收容点，收容散兵然后将其送往前线。

7月10日，隶属第3装甲集群的第23军开始接替季斯纳桥头堡阵地的第57装甲军。

1941年7月10日晚，我对局势的评估（地图9、10和11）

第39装甲军的3个师（包括第18摩托化步兵师）在别什科维奇和乌拉之间渡过西德维纳河，夺取维捷布斯克的行动是决定性的。第聂伯河—西德维纳河战线，苏军据守的战线出现了一个宽大的缺口。德军必然要在接下来的几天里利用这一情况实施有利的战役机动，但是究竟在哪个方向采取行动呢？

比较有吸引力的方案是第39装甲军以一部朝西北方向越过西德维纳沿线向波洛茨克进攻，并且为第57装甲军、第6军和第28军渡河铺平道路。哈尔德比较支持这个计划，然而如果按照该方案行动，势必要将装甲集群分散使用，削弱向主要方向即东方实施攻击的兵力。第4装甲集团军将别列斯涅沃（位于斯摩棱斯克东北60公里）、韦利日和涅韦尔设置为第3装甲集群的主要攻击目标。但是在这条几乎呈90度的战线上到底哪里才是攻击重点？如果将主攻方向放在北边，经由涅韦尔进攻从后方打击苏军，该敌可能赶在北方集团军群南翼抵达之前撤退，或者是在奥波奇卡以南坚守。但是第3装甲集群会因此跟在第4装甲集群（从奥斯特罗夫向列宁格勒进攻）的后边，进入大卢基以北、伊尔门湖以南无法通行的地域。由于第2装甲集群要在奥尔沙以南第聂伯河沿岸发动猛攻，第4装甲集团军因此要一分为二。

为实现战役企图，对第4装甲集团军来说，至关重要的是困住在维捷布斯克遭到打击的苏军部队，并且夺取斯摩棱斯克和别雷之间的山脊地带。接下来第3装甲集群应该抓住有利时机，配合第2装甲集群，夺取斯摩棱斯克东北第4装甲集团军左翼的亚尔采沃，该城是集团军的主要目标。[5]如果第3装甲集群迂回斯摩棱斯克，可以在不受妨碍的情况下直扑苏军后方，并且准备在该敌没有被第2装甲集群迅速歼灭的情况下，切断其东撤的道路。

因而第3装甲集群在7月10日晚上报告了其决定，命令第39装甲军经由韦利日向东北方向推进，第57装甲军经由涅韦尔进攻。

第4装甲集团军司令部显然同意了第3装甲集群的决心，改变了原来的行进路线，而扩展到了杜霍夫希纳（Dukhovshchina）和米柳京纳（Milyutina，涅韦尔以东100公里），虽然这两个地方并不是第3装甲集群原来的战役目标。

据此第3装甲集群命令第39装甲军向东北方向的利奥兹诺（Liozno）—苏拉日（Surazh）—乌斯维亚特（Usvyaty）一线进攻，从北边迂回斯摩棱斯克。第57装甲军在第23军的配合下，必须以季斯纳桥头堡为出发阵地，向德列通（Dretun）和涅韦尔进攻，以便打通和第39装甲军的联系。第23军在配合第57装甲军突破桥头堡阵地之后，应该从波洛茨克背后发起攻击。

根据这些命令，截止到7月13日战局发展如地图11所示。在讨论这些细节之前，有必要回顾一下这几天时间里德军总司令部的种种想法。

1941年7月4日—7日，在希特勒大本营（地图9）

德军的机动兵团努力保持进攻势头，除了向莫斯科方向追击逃敌之外无暇他顾，而步兵部队保持强行军一定程度上缩短了与机动部队的距离，战争爆发前的展开命令所规定的目标基本上都实现了。然而就在这个时候，德军最高统帅部仍然在讨论战役应该如何发展。

陆军总司令部接到的命令，是要求机动兵团在迂回白俄罗斯的苏军之后，转兵向北配合北方集团军群歼灭波罗的海沿岸苏军。而改变进攻方向的先决条件，就是以最大的速度歼灭比亚韦斯托克—新格鲁多克—明斯克包围圈里的至少29个师，即使战线上其他地段的苏军抵抗并未瓦解。如前文所述，希特勒认为应该等第4装甲集团军抵达斯摩棱斯克之后，再决定是否继续命令该部向北进攻。而现在随着第4装甲集团军逼近斯摩棱斯克，是时候做出决定了。7月4日，希特勒在讨论中央集团军群所取得的大捷时，再次提出了这个问题。

我不断试图摸清苏军的态势。事实上苏联人几乎输掉了这场战争。好消息是我们已经粉碎了苏军的装甲部队和空军。俄国人无力恢复其战斗力。那么在突破斯大林防线之后应该怎么做呢？我们是向北或者向南迂回？这是战争中最难做出的决策。南方集团军群是否还能完成歼灭战？[6]

这番谈话促使国防军指挥参谋部（WFSt）参谋长约德尔大将通过电话催促布劳希奇，让他同希特勒谈谈作战行动的后续实施。约德尔说这个决策将决定战争的结果。穿越第聂伯河—西德维纳河一线后，第2装甲集群是否应该转向东南方向，第3装甲集群是否应该转向东北方向（见附录5）？与此同时，在希特勒的大本营，所有人都将注意力转向南方集团军群，后者现在也有些进展。7月7日，北翼两个装甲军突破斯卢奇河后面的"斯大林防线"，第1装甲集群准备冲向别尔季切夫（Berdichev）和日托米尔。[7]

7月8日勃劳希奇才向希特勒汇报。哈尔德也出席了，他起初提供了少量数据：164个已知苏联步兵师中，89个已被歼灭，46个可以战斗，18个在次要战线，剩下11个位置尚不清楚。接下来双方探讨的话题转入南线战局。布劳希奇提出的是适合部队的方案，根据他的计划，第1装甲集群应该在别尔季切夫方向扩展胜利，向南转兵同时掩护攻击基辅的德军侧翼，切断苏军渡过第聂伯河相同撤退的道路，这一方案和巴巴罗萨计划吻合。相比之下，希特勒则希望夺取基辅，并且在第聂伯河东岸着手创造一个大包围圈。

而第4装甲集团军到底是向北还是向南突击，这个主要的问题还是没有定论。希特勒推翻了此前自己的观点，认为北方集团军群依靠现有部队就可以完成向列宁格勒突击的任务。他认为不用投入装甲部队，只依靠空中支援就能夺取莫斯科和列宁格勒。而且，希特勒认为第3装甲集群应该完成了初期目标之后，在第2装甲集群向南转兵的情况下，为进攻莫斯科的德军兵团提供侧翼掩护。[8]

这次会谈没有取得什么共识，主要有两个原因。首先，我们对苏军实力的估计过于乐观了。包围大批苏军仅仅是成功的第一步，歼灭苏军89个师确实是空前的大捷。但就算如此，布劳希奇也误判了苏联内地的预备队数量。几周后，德军"判明"的苏军师级番号就增加到了350个。[9]

其次值得注意的是，希特勒干预了在南线战场用兵力相对薄弱的装甲部队包围苏军的行动。三周之后，国防军最高统帅部长官威廉·凯特尔元帅是希特勒派驻到中央集团军群司令部的代表，他认为如果采取这样的行动是错误的。需要重新考虑这一问题，因而并没有发布新的命令。中央方向的各装甲集群向着各个方向渐行渐远，只能依靠自己的兵力难以互相策应。

1941年7月11日—15日，第二个包围圈（地图9和地图11）

7月11日，第2装甲集群北翼的5个师紧密协同，在第聂伯河的一个渡口强渡，几天之后向它们的主要目标冲击：叶利尼亚（斯摩棱斯克东南80公里）和亚尔采沃。奥尔沙以南的苏军仍然在顽强地抵抗，德军此前夺取的一个桥头堡阵地也被迫放弃了。另外南线苏军在空军的支援下猛烈反击，意图击溃我军渡河部队。直到7月13日战局仍不明朗，无从判断苏军是撤退还是要继续抵抗。看起来苏军似乎可能要继续打下去，因为当时第聂伯河东岸的苏军开始向第2装甲集群南翼发起大规模攻击，显然苏军的意图是孤立摩托化兵团，割裂其与后续步兵的联系。为此苏军集结了大约20个师，现在该部已经调往第2装甲集群（4个师）右翼的南面，这里正是集群向东的攻击方向。

7月13日一早，希特勒的首席副官鲁道夫·施蒙特（Rudolf Schmundt）上校从第2装甲集群的作战地域来到位于维捷布斯克东北的第3装甲集群司令部，以便查明机动部队的情况，而第3装甲集群此时正首当苏军进攻的势头。我大概向他介绍了如下情况：

在战争爆发的最初三周，第3装甲集群损失惨重，当然还不及西线战役的损失。比如说第19装甲师和第14摩托化步兵师，总计损失163名军官和3422名士兵。由于尘土和酷热、缺乏睡眠以及缺乏掩体所带来的身体上的压力远超西线，同时由于广袤而贫瘠的土地，恶劣的道路和桥梁状况（这对机动部队的士气影响非常大），加之苏军的顽强抵抗，使得我军的心理压力也很大。苏军在各个地段出现试图突围。然而，德军士兵大都坚信自己占据着优势。苏军似乎仍然不能掌控局势，只有波洛茨克附近的苏军指挥层还算胜任当前职位。而苏军士兵之所以能如此顽强的战斗，不仅仅是因为对政委的恐惧，同样来自其对意识形态的信念。对苏军士兵来说这场战争类似于苏俄内战，他们不想退回到沙皇统治的时代，同样，为保卫十月革命的胜利果实，苏军士兵要同法西斯主义奋战。

装甲集群的南翼在斯摩棱斯克方向毫无进展，此外，在这个方向继续展开行动也并非明智的选择。装甲集群的意图应该是在韦利日到乌斯维雅特沿线突破苏军的薄弱地带，以便在西德维纳河上游取得突破，并包抄斯摩棱斯克附近之敌。如果苏军以此前的行动方式继续在公路上布雷并炸毁桥梁，那么机动车辆的开进速度很难令人满意。后勤物资将会入不敷出，因此现在必须决定是否要停下来等待步兵师跟进。考虑到进攻如果能重新顺利开展，那么每一辆汽车都要被用于莫斯科方向的攻击。[10]

报告反映出在7月13日早些时候部队中对进攻进展不利弥漫的失望情绪（从7月2日攻克明斯克以来仅仅推进了300公里）。相比之下，希特勒的副官施蒙特抵达之后，却以盲目乐观的口吻大谈所谓装甲集群的"闪电突击"。

7月13日，第39装甲军两个相距甚远的先头装甲师沿沙土路面公路推进，未遇到苏军的顽强抵抗，就抵达了杰米多夫和韦利日。第12装甲师从先诺出击，不得不从苏军第19集团军多个坦克部队的阵地之间杀开一条血路。双方旷日持久的战斗蔓延到维捷布斯克—斯摩棱斯克公路附近，德军无法朝东南方向追击敌人。第12装甲师本来打算打通杰米多夫，从而和第39军恢复联系，但是克卢格命令该师经由利奥兹诺和鲁德尼亚"沿着同第2装甲集群的主要交通线"攻击斯摩棱斯克。因此该师不得不改变自西向东的攻击方向。

第18摩托化步兵师从乌拉出发向戈罗多克进攻，但是该部遭到苏军波洛茨克守军从后方不断袭扰，因而速度减缓。该师在戈罗多克只遇到零星苏军的抵抗，敌人正在向涅韦尔方向退却。第57装甲军在将阵地移交给第23军之后，其主力（第19装甲师和第14摩托化步兵师）于7月12日发动进攻，该军进攻出发阵地为自7月4日起就开设的季斯纳桥头堡，最终该军克服复杂地形，突破苏军的防线并重新开始机动作战。7月13日拂晓第19装甲师奉命通过德列通向涅韦尔开进。苏军的孤立哨所和少数守备大桥的部队被击溃。我军在德列通缴获了苏军一个物资基地。苏军撤退时点燃了一个大型油库，因此纵贯进攻道路前方的森林一片火海。直到入夜之后我军才依靠各条小路通过德列通继续推进。[11]

7月13日，第3装甲集群面对的问题是，是否继续等待向西德维纳河上游进攻的命令。当时该集群只有2个装甲师及其后边的2个摩托化步兵师可以实施这一行动。第57装甲军要等几天之后才能赶到预定位置。第2装甲集群不一定能保证协同行动；由于苏军在戈梅利出发，向该集群的南翼也就是莫吉廖夫东南地区发动了强有力的攻势，以及第聂伯河东岸该集群与正面之敌顽强奋战，第2装甲集群很难腾出兵力。第3装甲集群参谋部的观点是，第2装甲集群如果停止第聂伯河沿岸的正面攻击，应该是比较好的选择。可以集中空中兵力消弭苏军从戈梅利方向发动的侧翼反击，这样一来第4装甲集团军的两个装甲集群就能够合兵一处，趁维捷布斯克附近苏军第19集团军被歼灭，第聂伯河北部地域苏军兵力空虚的机会，向莫斯科方向进攻。

然而，战局的发展和第3装甲集群参谋部的判断大相径庭。很显然，苏军方面并不打算利用其广袤的领土，采取持久拉锯的战术，反而不顾此前的惨重损失，以自认为足够强大的兵力，打算猛烈地反击和顽强的防御，遏制住侵入德军的脚步。对德军极具诱惑力的机会是抓住苏军在西德维纳河上游以及第聂伯河上游的缺口（也就是兵力空虚的勒热夫—霍尔姆—托罗佩茨地域），这似乎是更有价值的目标。但是我军不应以不适当的兵力去夺取这些目标。必须记住战役计划的宗旨：分割并歼灭敌军。现在我军似乎有机会包围仍处于第聂伯河北部的苏军，虽然其兵力规模尚不清楚。这样第3装甲集群就有可能同第2装甲集群配合起来，而后者此时正在依据第4装甲集团军的命令向"叶利尼亚以及亚尔采沃东部之高地"进攻。[12]

因而集团军暂时搁置了那些目前还无法完成的任务，转而集中力量去打乱尚滞留于斯摩棱斯克以北并向东撤退的苏军，没有人怀疑这个决定会推迟第3装甲集群的奔袭距离，甚至将达数个月。

第39装甲军接到的命令是派任意一个先头师，向斯摩棱斯克东北的高速公路进击，并迂回封闭城中守军。而其余部队紧随其后，沿着斯摩棱斯克—杰米多夫公路两侧建立向南的合围圈，避免苏军从城中向北突围。

为此第7装甲师的坦克团在7月15日攻取斯摩棱斯克东北的乌尔霍沃斯洛博达（Ulkhova Sloboda）。这是不到3个星期之后，该师第二次执行封锁高速公路，切断苏军东撤主要路线的任务，而这里距离6月26日该师在鲍里索夫附近的阻击阵地比莫斯科更近了270公里。高速公路周围到处是汽车和骡马大车的残骸，一片凄凉的景象。第20摩托化步兵师跟随第7装甲师进入杰米多夫，几天之后该师遭到苏军从南边发起的猛烈反击。第12装甲师于7月14日抵达利奥兹诺（Liozno），然后奉命转向斯摩棱斯克。该师在鲁德尼亚遭遇苏军顽强抵抗，很快遭到苏军的三面围攻。该师发现现在没必要紧追敌军，迫使其向东从第7装甲师阵地突围，因此第12装甲师停止进攻，并寻求和该师以北的第20装甲师建立联系。第20装甲师向别雷方向压迫苏军，但在经过韦利日时攻势不得不暂时减缓。苏军总参谋部的格鲁乌（情报总局）人员身着便装潜入韦利日纵火。7月14日，第20装甲师继续向别雷东进，但在7月15日只有一个先头分队抵达杜霍夫希讷—别雷公路。该师当面的少数苏军被迫东撤。现在看来通往莫斯科之路似乎仍然畅无阻。但是我军首次遇到了燃料补充的问题，因为现在燃料的消耗大大增加。在第57装甲军附近，第18摩托化步兵师完成了从戈罗多克向乌斯维亚特进击，掩护第39装甲军北翼的任务，再次击退了苏军从北向南发起的反击。7月15日，该师先头部队抵达乌斯维亚特。

7月14日，第19装甲师切断了苏军突围的道路，迫使其向涅韦尔退却。7月15日该师坦克团包围了涅韦尔，经过激战之后，交战双方均伤亡惨重，德军最终攻入涅韦尔并肃清了城区的苏军。但是苏军对涅韦尔易手并不知情，当天晚上仍然有从西边开来的运输车辆。7月16日，第19装甲师向重要的铁路枢纽大卢基进攻，同时第14摩托化步兵师在涅韦尔南北构建了宽大的向西合围正面，直指第23军当面的苏军。

1941年7月15日—18日，包围圈上的缺口（地图11、12和13）

到7月15日，第39装甲军向斯摩棱斯克以东公路的突击取得了明显成功。敌军多个师组成的洪流涌向斯摩棱斯克及其北面。7月14日在奥尔沙进攻第2装甲集群北翼的苏联兵团于7月15日撤退。7月15日的空中侦察发现，奥尔沙—斯摩棱斯克公路上拥挤着四五列车流，均朝向斯摩棱斯克。这里出现严重拥堵是可以预料的，因为第7装甲师已经拿下斯摩棱斯克东北的公路，因此苏联人7月16日和17日所有的突围企图都失败了。下一步就是享受胜利的果实，包围聚集在斯摩棱斯克西北的敌军，等待我方步兵赶上来。未能沿公路逃离的敌军，在接下来的几天中不顾一切地在杰米多夫和鲁德尼亚冲击包围圈。苏联军队缺乏统一指挥，尽管有个别集群突入杰米多夫东北方向的茂密森林，但突围的尝试最终搁浅。

就在第聂伯河北部被围之敌快要被消灭的时候，第2装甲集群北翼当面的苏联军队向东撤退，他们在叶利尼亚到多罗戈布日之间的高地重建战线，在那里又吸收了新赶到的苏联军队，谋求阻止第2装甲集群的正面推进。

在第2装甲集群右翼，叶利尼亚附近，第46装甲军不得不抵挡敌军对其正面和两翼的猛烈进攻。该军左侧的2个装甲师（也就是第47装甲军）被迫转向北，在高速公路附近与敌军交战。他们在斯摩棱斯克—奥尔沙以南的第聂伯河沿岸动弹不得，陷入了代价高昂，毫无战役意义的战斗。事实证明，克卢格因担心侧翼受威胁而做出的干涉削弱了我们，因为这使得我军远离斯摩棱斯克以东的决定性战场。[13] 7月16日，第29摩托化步兵师进入斯摩棱斯克。这个胜利为这支老牌师带来了当之无愧的荣誉，但战役意义不大，因为与第3装甲集群的联系并未就此建立。另外，包围圈在斯摩棱斯克和亚尔采沃之间仍然存在缺口。即使让第47装甲军从奥尔沙以东解放出来，第2装甲集群仍未在公路上与第3装甲集群建立联系。结果，部分苏联军队从多罗戈布日方向突围而出。古德里安显然认为对于向东发展进攻而言，更重要的是守住叶利尼亚周边的高地，而不是封闭第2装甲集群作战地域内的口袋。[14]

注释

1. 哈尔德日记，1941年7月9日。古德里安没有提及第4装甲集团军下达的任何命令。

2. 参考文献：古德里安，第152—153页。

3. 哈尔德日记，1941年7月10日。

4. 哈尔德日记，1941年7月9日。

5. 1941年7月3日第3装甲集群命令，第二部分，作者提供。

6. 参考文献：纽伦堡法庭审判文件 1946-48, P.S.,附录11。

7. "斯大林防线"这个名称是宣传机构虚构的，实际上指的是苏联西部旧国境线的一系列不连续的永备工事，也就是位于明斯克北部苏波边界，普斯科夫以南苏爱边界和其他一些地方的防线。

8. 参考文献：纽伦堡法庭审判文件1946-48, 国防军最高统帅部特别记录和哈尔德日记1941年7月8日。

9. 1941年7月8日第3装甲集群第18号情报通报，作者提供。

10. 参考文献：来自作者所持有的笔记。

11. 参考文献：克诺贝尔斯多夫。

12. 1941年7月3日第3装甲集群命令，第二部分，作者提供。

13. 参考文献：古德里安，第162页。

14. 古德里安回忆录，第160—164页，他更希望支援第3装甲集群，包围斯摩棱斯克及其以北的地区，但因兵力不足而作罢。但这并不是全部真相。包围苏军应该是两个装甲集群协同完成的任务：第2装甲集群和第3装甲集群分别从公路的南北两个方向进攻。从7月15日开始第3装甲集群停顿在亚尔采沃以西的公路上，徒劳地等待和第2装甲集群的配合。不论是第17装甲师还是第18装甲师都得到了相应的命令，从斯摩棱斯克以西地域抽身而出。第17装甲师奉命执行保障第聂伯河沿岸的命令，位置大约是亚尔采沃以南50公里（古德里安回忆录，第163页），第18装甲师进至斯摩棱斯克以南50公里波奇诺克，以便"保障前进机场免遭苏军炮击"（古德里安回忆录，第164页）。但是显然没有第4装甲集团军下达的命令。

第七章
封闭斯摩棱斯克包围圈
1941年7月16日—8月16日

涅韦尔—大卢基（地图12和地图13）

第57装甲军7月13日重新获得机动性，并于7月15日在一次迅速的进军后夺取涅韦尔（见第066页），即便如此，第3装甲集群下辖的两个装甲军眼下仍然没有战役协同。因为中央集团军群和北方集团军群的作战分界线，也就是远在东面推进的第39装甲军和北方集团军群南翼的步兵（第16集团军第2军第12步兵师，其速度自然要慢一些）之间的缺口越来越大。布劳希奇认为这样的缺口将使敌人有机会在大卢基突入中央集团军群的北翼。7月12日，希特勒已经预见到了通过让第19装甲师从季斯纳北进，包围第16集团军南翼当面之敌的可能性。同日，哈尔德也考虑让第3装甲集群经过大卢基向霍尔姆开进，"以歼灭北方集团军群南翼之敌军集团（12—14个师）"[1]。因此在7月13日，正在我困扰于是向托罗佩茨进攻，还是让南翼转向亚尔采沃时（见第065页），布劳希奇向希特勒汇报了让第3装甲集群突入北方集团军群南翼当面苏军后方的想法。希特勒表示赞同，"相比夺取莫斯科和大片领土，更重要的是歼灭苏军有生力量"[2]。但根据这一宗旨下达的命令却并未落实。博克给哈尔德写信并打电话，呼吁说"现在是夺取莫斯科的最好时机，我们在大卢基只会一无所获"[3]。博克或许还表示，现在北调第3装甲集群，就意味着给斯摩棱斯克之敌解围。其实当时还有一线希望，那就是通过让第16集团军南翼开向涅韦尔，部分干扰从波洛茨克和季斯纳东撤的敌军。最高统帅部与中央集团军群司令部之间意见相左，不可避免地令军队行动出现迟疑。

同时，少数苏军7月17—18日试图在涅韦尔以南向东穿过第14摩托化步兵师的警戒线，但被击退了。7月16日，第19装甲师一部在涅韦尔—戈罗多克公路以东的推进打乱了敌人向东南的行军，其兵力估计是1个师。据报告，大卢基的大型火车站交通非常繁忙，因此第19装甲师随后接到命令夺取该城。7月17日，与苏军步兵及坦克激战过后，我军进入城市东部，切断铁路线。一列运载坦克的火车从东面驶入车站。我军缴获大批各类物资。[4]7月18日，苏军试图夺回城区时损失惨重。第4装甲集团军司令部对第19装甲师据说是未经授权的行动大为光火，认为其逾越了中央集团军群的作战界线，命令该师撤退。因此这支勇敢的军队怀着沉重的心情，带着伤员和俘虏连夜撤回涅韦尔。一个月后清除向西延伸很远的"大卢基突出部"时将需要7个步兵师和2个装甲师。第19装甲师将再次突入敌纵深，这一次是从南向北进攻，并给了敌人致命一击。

7月18日第12步兵师抵达涅韦尔西北之后，第23军和第16集团军南翼封闭了苏军（大约有2个师）周围的包围圈。大量步兵7月19—20日夜间不顾一切地试图突围，冲过第14摩托化步兵师防线的一个薄弱点，抵达涅韦尔—戈罗多克公路，7月21日在那里被第19装甲师击溃，涅韦尔西北的残敌落入第23军之手。7月22日，第19装甲师抵达韦利日。接下来几天第14摩托化步兵师被第23军接替，然后前往巴耶沃，这样一来，第3装甲集群最终为斯摩棱斯克和别雷之间的联合行动重新集结完毕（见地图13）。

1941年7月18日—27日，苏军对第3装甲集群东部及北部战线发起解围攻势（地图12和地图13）

起初只有亚尔采沃以西的第7装甲师一部和沃皮河（Vop）上乌斯季耶（Ustye）的第20装甲师，可掩护斯摩棱斯克包围圈东部和北部。到7月18日，虽然数量巨大，但只有掉队者、失去领导者和开小差的官兵被俘。走失的政治委员竭力拉起稳固的队伍。7月17日起，敌军从维亚济马（斯摩棱斯克以东150公里）向西和西北方向调动的报告不断增加。东面来的一个师被运入勒热夫（维亚济马以北120公里），后出现在沃皮河沿岸。7月19日，沃皮河畔乌斯季耶两侧的第20装甲师开始遭受不协调的进攻，是时候在那里建立稳固的战线了。

强大的敌军也从北面的别雷向西南行进，但被第18摩托化步兵师所阻击，该师是7月21日从乌斯维亚特开进到这里的。在西德维纳河上游，韦利日东北，出现新锐敌军（两个高加索人组成的骑兵师）。7月24日和25日，该敌在第19装甲师当面损失惨重后向北撤退，当时第19装甲师正在从韦利日经由克列斯季（Kresty）北进，不少逃兵向第19师投降。该师顶着持续空袭继续东进，7月27日插入第20装甲师和第18摩托化步兵师之间，协助击退苏军进攻，当时敌人正在炮兵和坦克的支援下有序地推进。苏军5个师反复攻击第3装甲集群的东面，集群最终不得不集结手头所有部队（包括第900摩托化教导旅）防御这里。第2装甲集群在叶利尼亚遭到苏军猛攻，因而难以封闭斯摩棱斯克东南包围圈上的缺口，所以刚腾出的第20摩托化步兵师向南穿过公路，分兵东西两侧，"填补第2装甲集群留下的空白"（见附录7）。[5]

还需要指出的是第57装甲军从涅韦尔经由韦利日—巴耶沃推进时的不利条件。该军在这个方向可能会被第39装甲军左翼挡住，从战役角度看，最好是左翼兵团沿大卢基到西德维纳河的铁路线开进。7月21日，我在涅韦尔和57军军长孔岑将军讨论了细节问题。我仍然考虑夺取别雷的重要公路枢纽，为此第57装甲军应该尽快地通过大卢基。孔岑请求经由韦利日进军，理由如下：

大卢基以东的道路情况更差。由于第19装甲师撤离，苏军援兵从东面进入该城，攻克该城要比从巴耶沃到韦利日远程奔袭的时间还要长。最终，在苏军从大卢基撤出两天之后也就是7月17日，战斗终告结束，而第19装甲师终于可以从这里向韦利日进发，不必在不利条件下继续攻城了。

我同意这些看法，命令第57装甲军经由韦利日推进。试图从东方和东北方给斯摩棱斯克解围的苏军兵力从7月24日开始越来越强，我的谨慎决策被证明是正确的。夺取别雷的计划被迫放弃，第3装甲集群所有力量都要用来阻击解围攻势。

第3装甲集群行动的结束以及截止到7月底整个战线的战局（地图13和地图14）

在斯摩棱斯克口袋包围、歼灭敌军多个师，并未像明斯克战役那样，令第3装甲集群获得东方向的战役自由。第57装甲军最初无法马上投入战斗是因素之一，另外在明斯克战役期间，苏军并没有全力解围的能力，苏军当时只是希望在明斯克以东百十公里的第聂伯河和西德维纳河沿岸构建新的防线。然而，我军在斯摩棱斯克向东进攻的时候，在亚尔采沃遭到了顽强抵抗，并且还有不少敌军在沃皮河逃出了包围。苏军很快利用援兵发起反击，意图解围。而苏军的顽强反击，预示着接下来德军更加要打起精神认真应对战事了。

直到8月初，第8军和第5军才将斯摩棱斯克包围圈压缩到装甲师得以调出修整的地步。当时我给博克写信汇报了军队的情况（附录6）。8月4日我在鲍里索夫的中央集团军群司令部面见希特勒时，也向他说明了同样的情况。

第3装甲集群不得不停在莫斯科面前，第2装甲集群将作战重点从广阔的斯摩棱斯克—叶利尼亚—莫吉廖夫战线向更南方转移。苏军仍在猛攻叶利尼亚突出部。7月13日，苏联第21集团军向中央集团军群南翼发动进攻，但在莫吉廖夫东南方方向被德军第2集团军的步兵师顶住了。然而，苏联第4集团军向布良斯克开进，于罗斯拉夫尔至克里切夫（Krichev）之间突入第2装甲集群侧翼纵深，德军调来步兵军才得以阻止。结果，7月30日第2装甲集群大部以及步兵师，不得不面对从希斯拉维奇（Khislavichi）经由瓦斯科沃（Vas'kovo）—叶利尼亚（多罗戈布日以南）的正面，向斯摩棱斯克东南进攻的压倒性之敌。为解决这一困境，势必要将更多军队南调，但这也为将来的灾难埋下祸根。

第4装甲集群第41装甲军经过三天激烈地战斗，击败苏军刚刚抵达的新锐部队，突破了奥斯特罗夫附近的旧国境防御工事，南边的装甲军也利用了这个突破口。7月7日，第4装甲集群再次开进。由于巴巴罗萨作战命令中"歼灭波罗的海国家所在的苏军"是在"占领列宁格勒和喀琅施塔特"之前的一项"基本任务"，比较明智的选择就是以第4装甲集群为主力北进，突破波尔霍夫—普斯科夫一线，以左翼向纳尔瓦推进，切断苏军东撤道路，该敌正在楚德湖一线与德军第18集团军激战。现在局势越发明朗，如果装甲集群向北进攻，那么接下来就可以面对状况较好的道路和更为开阔的地形。但这并未变为现实，因为陆军总司令部的"展开命令"已经规定"防止尚有战斗力的苏军部队从波罗的海沿岸向东撤逃"，作为"未来继续快速向列宁格勒推进的先决条件"。直到8月8日，苏军仍有好几个师能够不受阻碍地通过纳尔瓦撤退，因为第4装甲集群一直在向列宁格勒推进。[6] 我们并不知道是不是因为希特勒迫切希望夺取政治上的成功，从而导致了作战过程的恶化。几个装甲军并没有封锁纳尔瓦和楚德湖之间的区域，而是在伊尔门湖和楚德湖之间广阔的茂密森林中开辟了一条小路。第56装甲军将从波尔霍夫出发，经过索利齐向诺夫哥罗德进攻，第41装甲军则从奥斯特罗夫出发，经过普斯科夫向卢加进攻。尽管沿途并未遭遇强敌，但是两支部队的进展还是非常缓慢。第41装甲军军长格奥尔格–汉斯·莱因哈特装甲兵上将具备高超的主动精神，因而7月11日该军转向西北，在未抵达卢加之前寻求向更有利的地形前进。[7] 在7月13日和15日其各先头装甲师迅速夺取了卢加河下游纳尔瓦东南的两座大桥，并且顶住了来自列宁格勒苏军"3个无产阶级师"的反攻。[8] 尽管苏军来势汹汹，但是第41装甲军还是在付出高昂代价之后，守住了这个桥头堡阵地大约4周时间，因为他们要等待第18集团军所部跟上来。第41装甲军以西，第57装甲军在7月15日抵达索利齐，因而更加孤立。由于侧翼暴露，各装甲师遭到了苏军从南、东北和北3个方向发动的猛攻。因此该军为避免被包围撤到了德诺（Dno）。[9]

从7月初开始，东线整个北部战区的主动权就慢慢向苏军方面倾斜。现在我们把目光转向希特勒的统帅部，检查从7月初开始指导德军3个装甲集群作战行动的战役思路。

注释

1. 哈尔德日记，1941年7月12日。

2. 哈尔德日记，1941年7月13日。

3. 哈尔德日记，1941年7月13日。

4. 参考文献：克诺贝尔斯多夫。

5. 第3装甲集群战斗报告。

6. 参考文献：莱因哈特，"第41装甲军的进展"，第135页。

7. 参考文献：莱因哈特，"第41装甲军的进展"，第129页。

8. 参考文献：艾哈德·劳斯，"通往列宁格勒的大门"，Wehrwissenschaftliche Rundschau, issue 3（March 1953）.

9. 参考文献：曼施泰因，第195—197页。

◎ 1941年夏天苏联境内，第3装甲集群指挥官赫尔曼·霍特（右）和第2装甲集群指挥官海因茨·古德里安正在交换意见。（BundesarchⅣ, Bild 101I—265—0024—21A, Photog: Vorpahl）

◎ 1941年夏天, 中央集团军群司令冯·博克元帅（左），正在和霍特以及冯·里希特霍芬将军开会。
（BundesarchIV, Bild 101I—265—0047A—34, Photog: Moosdorf）

◎ "巴巴罗萨"行动初期，德国装甲兵正在享受短暂的休憩。（Nik Cornish at www.Stavka.org.uk）

◎ 和西线不同，德国装甲师在进入苏联之后马上要面对状况糟糕的道路网。（Nik Cornish at www. Stavka.org.uk）

◎ 1941年夏天，冯·克卢格元帅（坐者）和古德里安将军，他们可能正在进行热烈的讨论。（BundesarchIV, Bild 183—L19735, photog: Huschke）

◎ 战争爆发之初德制III号坦克配备37毫米主炮，此后改进为50毫米主炮，但仍然无法应对苏军最新式的坦克。（*Nik Cornish at www.Stavka.org.uk*）

◎ 一个正在推进的德军装甲师。如果苏联境内的公路都是这种条件，那么战争进程很可能完全不同，有可能迅速结束。（*Nik Cornish at www.Stavka.org.uk*）

◎ 正在执行反坦克任务的88毫米高射炮，成为战争中最具影响力的武器。（*Nik Cornish at www. Stavka.org.uk*）

◎ 德军在苏联境内遭遇的典型道路，有的道路勉强能看到，有的甚至在地图上都找不到。（Nik Cornish at www.Stavka.org.uk）

◎ 冬季刚刚来临之时，寒冷并没有立刻造成困扰，然而暂时的融雪却造成了道路泥泞。（*Nik Cornish at www. Stavka.org.uk*）

◎ 交战双方的步兵都会找机会搭乘坦克，缓解长途行军的疲劳。（*Nik Cornish at www.Stavka. org.uk*）

◎ 虽然寒冬来临，地面再次坚硬起来，可以供车辆通行，但是此后严寒的气候成为另外一个问题。

◎ 在离开中央集团军群之后，霍特（中）先后被任命为南方集团军群第17集团军和第4装甲集团军的指挥官。（NARA）

第八章
莫斯科、基辅还是列宁格勒

1941年7月19日的国防军最高统帅部"第33号训令"（地图14）

让我们回到6月29日，比亚韦斯托克—新格鲁多克的胜利显露无遗时，希特勒认为应该用中央集团军群的机动兵团加强北方集团军群。他提出的军事上的原因不无道理。配属北方集团军群的装甲集群无法凭一己之力，在切断同德军第16和第18集团军交战的苏军东撤退路的同时，化解苏军从东面展开的解围攻势。波罗的海沿岸苏军的覆灭是中央集团军群从斯摩棱斯克向莫斯科继续推进的先决条件，而这是德军从南边实施包抄，而非从西边正面进攻造成的。

有3次机会让第2、第3和第4装甲集群在伊尔门湖和楚德湖之间发起进攻，同时屏护伊尔门湖以南的东侧翼阵地。这3次机会如下：7月初包围明斯克之后（见地图6）；7月7日第2装甲集群渡过别列津纳河，第3装甲集群抵达西德维纳河沿岸的维捷布斯克—乌拉—季斯纳一线之后；或许还有7月10日第2装甲集群渡过第聂伯河之前。当然，类似维尔纽斯以南的鲁德尼察森林，该地域地形特别复杂，给摩托化部队制造了巨大困难。伊尔门湖以南是湿地，气候干燥时是沙地，气候湿润时是沼泽，一直延伸到洛瓦季河（Lovat）以西，大卢基以北。地形向东北方抬升到几乎无法通行，湖泊星罗棋布的瓦尔代丘陵。相反，伊尔门湖和楚德湖之间是广袤的森林。虽有道路穿过，但周围几乎无法让装甲部队展开投入战斗。话说回来，北俄罗斯哪有开阔地适于摩托化兵团行动呢？关键的是要不经战斗就通过这些尤其困难的地域，虽然当时苏军的抵抗尚且不强。7月前半段，第4装甲集群的装甲兵团在敌军抵抗不强的情况下，只用7天时间就走完了奥斯特罗夫到卢加河下游大约300公里的路。[1] 在这样的状况下这种表现足以令人满意。在下一阶段，德军在伊尔门湖和楚德湖之间沿卢加河的推进遭到大批苏军的阻击，后者无法被逼退至波罗的海。德军在波罗的海沿岸取得完胜的机会已经错失。此后，中央集团军群向莫斯科方向的进一步推进，北翼就一直受到威胁。

希特勒有个怪癖，就是最喜欢夸大战局的局部危机，并且借此机会干涉战役指挥。从6月29日到7月10日，希特勒并未敦促德军按照原有的战役计划，在攻击莫斯科之前歼灭波罗的海沿岸苏军。然而，7月17日，希特勒获知"北方集团军群当前战况"之后，提出希望派第3装甲集军朝东北方向的沃洛奇克（Vyshny Volochyok）开进，希望这样能够切断"莫斯科—列宁格勒一线的联系，配合北方集团军群歼灭北线苏军并包围列宁格勒"[2]。7月15日，第4装甲集群的一个装甲师和一个摩托化步兵，从被孤立于伊尔门湖以西敌人的背后发动攻击，在此前的战局中，机动部队也展开过类似的行动，曾经一度陷入与敌人的混战。这是引发希特勒干预的原因。但是希特勒在7月19日发布的"第33号训令"（见附录8）已经无法执行了。我们可以回忆一下当时第3装甲集群的战局，在斯摩棱斯克以北已经包围了苏军，并且同时击退了最初东边苏军的反击。部分部队在涅韦尔和大卢基附近陷入基站。至多能够调动2个师开进300公里，但是一旦战局受挫，那没有任何兵力能弥补这两支部队的空缺。"第33号训令"对第3装甲集群的决策不会有什么影响。

然而，希特勒提出加强北方集团军群的要求没有什么可操作性。7月21日希特勒亲自来到集团军群司令部，他强调有必要夺取列宁格勒"这是苏联革命的象征。一旦列宁格勒易手，布尔什维克必将崩溃。而相比之下莫斯科只不过是一个地理概念"[3]。这是希特勒第一次表示，要在两翼而不是中央方向展开决定性战役。

第1装甲集群7月初成功向别尔季切夫和日托米尔突破，7月17日，2个装甲师抵达基辅以西，希特勒受此鼓舞制定了更为好高骛远的计划。但是7月19日布劳希奇发布了"第33号训令"，传达的要求是南方集团军群应该首先完成"夹击第聂伯河以西的苏军第12和第6集团军并将其歼灭"的任务。苏军第5集团军在科罗斯坚附近顽强地抵抗，牵制住了南方集团军群北翼向基辅的攻势。南方集团军群应该与中央集团军群南翼部队配合起来粉碎苏军这样的抵抗。因此，在斯摩棱斯克战斗结束之后，第2装甲集群以及第2集团军步兵应该歼灭其南翼的苏军第21集团军，然后从后方攻击苏军第5集团军。这样的话第2装甲集群应该向东南方向攻击，以便"切断苏军第6和第12集团军向第聂伯河东撤的路线"。中央集团军群其余部队"同时继续以步兵部队向莫斯科进攻，以机动部队切断莫斯科—列宁格勒之间的联系"。

"一旦第18集团军和第4装甲集群建立联系，并且其东翼得到第16集团军的可靠掩护"，北方集团军群就应该重新向列宁格勒进攻（见附录8）。

希特勒放弃战役计划

现在德军已经完全放弃了预先以强大兵力沿斯摩棱斯克向莫斯科进攻的预定计划。所谓"强大兵力"本来包括2个装甲集群和3个步兵集团军，但是现在中央方向的兵力缩小到1个步兵集团军。而各装甲集群作为东线战场中央战区的主要打击力量"被抽调到左右两翼的方向"。这显然违反了最基本的进攻原则，因为在这种情况下，斯摩棱斯克和大卢基之间的勒热夫方向之敌已经承受了最为严重的损失。

是什么改变了希特勒的想法？希特勒四周后声称，中央集团军群在第聂伯河沿岸进攻受阻的时候，他就已经准备变更意图了。[4] 这种说法其实并不符合事实，正如我们所看到的，在入侵苏联之前，希特勒一直坚持让陆军总司令部把主要突击力量放在莫斯科方向。在过去的几周时间里，他本来可以让第2装甲集群在第聂伯河沿岸停下来，但是希特勒并没有这么做。

然而，继续向莫斯科方向进攻是意义非常深远的战役目标。尽管我军以令人吃惊的速度迅速歼灭白俄罗斯苏军，但普里皮亚季以南和第聂伯河以西之敌并未因此被迫南撤，而波罗的海沿岸之敌也没有被赶尽杀绝。因此向莫斯科方向进攻的中央集团军群，如果继续推进，就有遭到两翼攻击的危险。而在其南翼，苏军的威胁已经变成了现实。如果要继续进攻，就必须先摧毁苏军第21集团军。德军第2集团军穿过戈梅利以便肃清苏军第5集团军，乃至以第2装甲集群越过季斯纳，进入苏军第6和第12集团军后方，从而向莫斯科进击。

希特勒是不是真的想进攻莫斯科？"第33号训令"的"向莫斯科进攻"的行动将很快停顿。夺取莫斯科是否仍然能决定战争结局？斯大林是否会就此求和？不了解苏联当时的情况就无法回答这些问题。当时认为只有继续在莫斯科方向展开进攻，才能迫使苏军投入决战，但这个理由现在并不成立，希特勒并没有正面回应，而是逃避这些问题。另外，由于苏军的顽强抵抗和猛烈反击，希特勒打算让德军全线暂停进攻。他希望让机动兵团同后方跟随的步兵部队脱离，但是这个战术企图在伊尔门湖遭到了失败。陆军总司令部认为苏联军方的企图是"利用阵地战形式遏制德军的进攻"[5]。然而，战局状况瞬息万变。在"第33号训令"落实之前，需要结束斯摩棱斯克附近包围圈的战斗。

沮丧中的陆军总司令部

布劳希奇身边的人都对7月的战局进展不甚满意。7月21日布劳希奇情绪低落[6]，7月22日，哈尔德认为德军夺取全面胜利的可能性已经不大了，大批颇具战斗力的苏军从德军费尽九牛二虎之力打造的涅韦尔"围栏"中突围。大卢基也被再次放弃，陆军总司令部比中央集团军群更看重该城的战略意义。而德国空军总司令赫尔曼·戈林元帅向希特勒汇报，有"大批敌军"从斯摩棱斯克包围圈中突围。戈林的说法其实是夸大其词，但由于第2装甲集群并未得到向该城以东运动以封闭包围圈的命令，同时第7装甲师以一旅孤军无力向南延伸包围圈，因此确实存在某些苏联军队趁夜渡过第聂伯河突围的可能性。[7]令人遗憾的是，纵然已经取得了大胜，但希特勒仍然抑制不住对战役进程进行事无巨细的干预。希特勒总喜欢抓住某些前线指挥官所遭受的难以避免的挫败加以谴责，从而在他和布劳希奇之间制造了难以忍受的紧张情绪。布劳希奇的情绪尤其糟糕，即使是一向意志坚定的哈尔德也忍不住抱怨"战役指挥已经被碎片化成了诸多细节，而最高统帅层面的作用被限制在了一个个具体的命令上，这其实应该是集团军群和集团军指挥官应该做的事情"[8]。希特勒在装甲部队的使用方法横加训诫，以及对战役行动进程的吹毛求疵，都让布劳希奇颇为厌恶。7月23日希特勒宣称"考虑到俄国领导人顽强的抵抗意志以及对兵力损失的无情态度，在对方仍然有预备队可以投入反击的情况下，我们应该放弃对战役最大目标的追求。目前，我们应该制造较小的包围圈，以便让步兵部队歼灭敌人，而把装甲部队解放出来"[9]。

希特勒对布劳希奇的指责其实是毫无道理的。他本来应该为此前几次围歼战的战果感到满意，事实上希特勒甚至曾经为古德里安和我的两个装甲集群的表现而大加褒奖。很显然，我可以这么回应希特勒的指责：苏军在战斗中往往顽强地坚守阵地，即使两翼遭到威胁也不动摇，那么我们可以接下来再创造这样的包围圈。没有哪个将领会放过这样的机会，不但可以缴获大批苏军的物资，还能俘获其兵员，而且战斗中等苏军开始突围时往往为时已晚，在突围过程中我军能够大量杀伤敌人。

德军可以以扫荡行动或者在必要的时候以战术突破达成包围敌军的意图。在这两种情况下，突破的部队都要冒着被敌人反包围的危险，希特勒难以忍受这样的风险。但是克劳塞维茨对此包围行动的评论在未来战争中仍然适用："我们现在讨论的是夺取彻底的胜利……而不是仅仅赢的一场战斗。要夺取这样的大捷，要么就实施迂回包抄，或者从敌军后方实施进攻，唯有如此才能创造决定胜负的条件"[10]。

1941年7月23日，"第33号训令"的补充命令及其废止（地图14）

7月23日，希特勒向弥漫着沮丧情绪的陆军总司令部传达了一道新命令。这个"第33号训令"补充命令的文件要求第1装甲集群和第2装甲集群在第4装甲集团军的统一指挥下，夺取哈尔科夫工业地区并且渡过顿河，直指高加索地区，南方集团军群主力应当夺取顿河流域和克里米亚。中央集团军群左翼在适当部署后，应当打击斯摩棱斯克和莫斯科之间地域的苏军，并在这一过程中夺取莫斯科。第3装甲集群临时隶属北方集团军群，以便掩护该集群右翼并包围列宁格勒。[11]

该命令下达当天，斯摩棱斯克周边苏军的抵抗是否会停止尚不清楚。奉命攻取高加索的第2装甲集群，此时其南翼正遭到苏军第21集团军的全力反击，被迫坚守叶利尼亚周边高地。原计划包围列宁格勒的第3装甲集群，则遭到北方和东方两个方向的反击，同时还有相当部队被牵制在斯摩棱斯克。也就是说，被剥夺了两个装甲集群的中央集团军群将用于夺取莫斯科！

从军事角度看，这个命令实在是毫无可行性，因此布劳希奇面见国防军总参谋长凯特尔，要求延期下发该命令，直到斯摩棱斯克战役尘埃落定。但凯特尔拒绝了布劳希奇的要求。[12] 因此哈尔德站在陆军的角度写道"国防军总司令部一意强调继续对莫斯科展开进攻，而俄国人为保卫这座城市将会战斗到最后一个人。莫斯科是苏联政府的心脏，也是最为重要的铁路枢纽。对它的占领将撕裂俄国。"但是德军并未按此行动，因为根据一份备忘录的记载，从7月30日开始"这份补充指令的部分内容就已经过时了，而国防军最高统帅部开始和陆军总司令部站到一条战线上了"[13]。至少国防军最高统帅部在对战役全局的观点上和陆军总司令部取得了一致。而现在将领们努力希望让希特勒回到最初的战役计划轨道上来。7月27日的一份情报报告也在侧面支持军方的观点。当时估计苏军的作战力量仍然包括80个步兵师、13个装甲师、2或3个骑兵师。另外还有25个新组建的师，当然其中只有6个师有些许战斗经验。

南方集团军群当面之敌为苏军73个步兵师一部和残部（作战力量大致相当于30个师），6个坦克师和2个骑兵师。

中央集团军群当面之敌为46个步兵师（作战力相当于32个师）以及3个坦克群，莫斯科方向还有10个新建的师。此外还在重编或即将赶到的部队也会出现在这个方向。

北方集团军群当面之敌为30个步兵师（作战力量相当于20个师）和3又1/2个坦克师。另外还有从列宁格勒赶来的新组建、重整、正在训练以及由共青团员、工人组成的部队。

新的集团军司令部正在组建，大批师级部队直接隶属其指挥，这表明具备战斗力的部队将统一置于某一指挥员的指挥下，充分发挥其战斗力。苏联人民的战斗意志并没有被打垮，没有发生反苏暴乱。[14]

国防军最高统帅部和陆军总司令部之间的紧密配合在7月27已经显而易见，当天约德尔主张冲向莫斯科，"不仅是因为莫斯科是苏联首都，还是因为敌军只能在此集结强大的军队。这就是必须首先歼灭的敌有生力量"[15]。这个建议正好与陆军总司令部的思路相吻合。然而希特勒仍然固执己见"必须打击敌工业地区，好让俄国人无法重新武装，哈尔科夫比莫斯科更重要"[16]。7月28日，希特勒显然重新认识到中央集团军群所处的不利态势，不仅遭到苏军正面和侧翼的反击，而且斯摩棱斯克口袋的苏军仍未被肃清。他向布劳希奇提出，他也已经得出结论，自己5天前下达的长途奔袭命令应该取消，目前首先应该歼灭中央方向的苏军。因此希特勒命令重组中央集团军群，第4装甲集团军将被解散。第2装甲集群在得到几个步兵军的加强之后整编为"古德里安集团军群"，直属中央集团军群指挥。[17]该部应"从克里切夫向西南的戈梅利方向发起攻击并且歼灭苏军，以便改善中央集团军群右翼态势"。第9集团军将第3装甲集群调离沃皮河前沿，该集团将直接隶属北方集团军群指挥，任务是"进攻瓦尔代丘陵地区以掩护集团军群右翼，最终切断莫斯科与列宁格勒的联系"[18]。

希特勒的这些"决定"极大地侵犯了博克的权威。它们并未得到陆军总司令部的完全认可，但是至少放弃了"第33号训令"补充命令的那些难以企及的目标，同时令布劳希奇有机会给几个集团军群下达接下来的行动命令，陆军总司令部据此在7月28日下达了指令。这些指令的第一部分反映出陆军总司令部对当前战局的判断以及其下一步的目标，在此全文摘录如下：

> 陆军总司令部判断，由于战役展开命令的最初预定目标均已完成，苏军大量有生力量已经被歼灭。苏军动员预备役军人和未经过多少训练的新兵，在付出重大损失之后试图阻止我军在乌克兰、莫斯科和列宁格勒方向的进攻。苏军接下来必然会反复攻击我军暴露的侧翼。苏军本年度的目标，势必要在沿波罗的海到黑海的地域建立一条严密的防线，并且将战争转化为阵地战，遏制德军的进攻。然而，陆军总司令部判断苏军的兵力已无法完成这一意图。陆军总司令部的意图是利用一切机会孤立苏军前沿集团，歼灭苏军有生力量的同时阻止其建立连续的防线，并为接下来的机动作战创造条件。而为实现这一意图，先决条件是占领最为关键的工业地域，从而剥夺敌人重整武装的物质基础。为此当前应放弃远距离行动。[19]

这段话的大致意图是歼灭苏军剩余的"有生"力量，以便重新发动攻势，但这恐怕很难令希特勒满意，他渐渐开始坚信，接下来应该着手摧毁苏联的经济基础。这些看法上的矛盾此时尚未激化，因为陆军总司令7月28日命令中对局势进行的估计，和希特勒口头表达的观点是一致的。在此无须引用这些命令的细节，因为希特勒很快就会下达新的指示，推翻之前的命令。

1941年7月30日，国防军最高统帅部"第34号训令"："重整"（地图14）

7月底，苏军不断对中央集团军群南翼，以及叶利尼亚前沿和沃皮河沿岸发动反击，同时北翼也有苏军新锐部队出现，这令希特勒更加意识到，现在想达成最初的宏伟目标，摧毁苏联的经济基础还不是时候。除此之外，前线的后勤供应越发困难，应该给摩托化部队修理损坏的武器装备的时间。7月30日国防军最高统帅部下达了"第34号训令"，最终推翻了"第33号训令"及其补充命令，让中央集团军群麾下精疲力竭的摩托化部队进行为期10天的休整。而希特勒专门给陆军下达了如下命令：

1. 在东线北段战线应该继续将伊尔门湖和纳尔瓦之间作为主攻方向。目标是包围列宁格勒并和芬兰军队建立联系。伊尔门湖以北的攻击目标是掩护沃尔霍夫及其东北方向。伊尔门湖以南的攻击目标是尽可能向东北方向推进，掩护北翼攻击部队的右翼。所有没有投入战斗的部队均应调到北翼。第3装甲集群在做好准备之前，不应急于按照预定计划通过瓦尔代丘陵进攻，而中央集团军群左翼的进攻只需要保障北方集团军群右翼安全即可，肃清爱沙尼亚的任务应该交由第18集团军完成。

2. 中央集团军群应该利用有利地形转入防御。如果有必要，接下来应当对苏军第21集团军发动有限的进攻。

3. 南方集团军群必须以其本身的兵力继续进攻。摧毁苏军第6和第12集团军桥头堡阵地之后，在基辅以南渡过第聂伯河并夺取该城。[20]

该训令只包括了布劳希奇能够下达的一些独立命令，仍然没有明确清晰的战役目标。因此整个7月都耗费在争论中，而不是执行训令和补充部队。没有决定如何利用最初几周取得的无可置疑的大捷。显然，希特勒从政治角度考虑，坚持要包围列宁格勒。但尚不清楚在随后对莫斯科的攻势中，由谁以何种方式掩护北翼。然而，由于现在所取得的战果，希特勒认为应当以彻底歼灭苏联军队作为战役目标，而不是占领苏联经济命脉。

最重要的是希特勒的观点受到了国防军最高统帅部的影响，特别是约德尔的影响，而他的观点与陆军总司令部一致。而现在希特勒似乎确信了这一观念。8月5日布劳希奇亲耳听到了希特勒表达如下的观点：

当前的态势发展将令前线出现第一次世界大战时的那种停滞。敌集群必须被割离其战线，以便我们重新获得机动能力。不可能一口气解决所有问题，眼下我们有三项任务：

1. 第3装甲集群必须夺取瓦尔代丘陵地带，因此必然会拖延中央集团军群左翼的前进速度。该部的推进距离应以掩护北方集团军群侧翼为目标，并等待适当时机沿伏尔加河向莫斯科方向跃进。

2. 古德里安集团军群应稳固戈梅利地域战斗态势，然后转向莫斯科。

3. 南方集团军群应粉碎第聂伯河以西之敌。[21]

布劳希奇无疑松了口气，但是哈尔德知道，希特勒这些"转弯抹角"的措辞不过是激励士气罢了，确定战役目标这一当务之急仍未解决。是应该夺取乌克兰和高加索这些经济命脉，还是应该歼灭苏军有生力量将其彻底击败？哈尔德对此迷惑不解，因为8月4日希特勒在中央集团军群司令部声称，莫斯科是排在列宁格勒和哈尔科夫之后的第三顺位目标（见下文）。哈尔德在8月7日和约德尔的一次商讨中，想要弄明白希特勒到底是想歼灭苏联军队还是夺取经济要地。尽管约德尔总是闪烁其词，还是留下了给哈尔德一种"他其实只是想顺其自然"的印象。[22]不过这两个人都认为德国的领导层"不应该把精力集中在敌人的战术细节"这样的细枝末节上。

8月4日，希特勒命令古德里安和我前往中央集团军群位于鲍里索夫的前沿司令部，向他汇报装甲部队的现状。我们两个装甲集群都已经把一些部队从前线撤了下来。这些部队休整的起止日期要取决于其从前沿撤下来的具体时间。古德里安认为第2装甲集群应该在8月15日重新投入战斗。我汇报说第3装甲集群最早要在8月20日才能投入战斗。我们都要求获得坦克以补充无法修复的损失。希特勒的回应是，由于西线仍然要防备盟军登陆的威胁，因此不能从西线占领区抽调坦克，他提出可以给两个装甲集群分别补充400辆汽车，这根本无法满足我们的要求。另外希特勒含糊不清地提到下一步的目标："北方集团军群和中央集团军群应以快速行动出其不意地打开新局面。第3装甲集群没有必要北调了，甚至连南方集团军群目前也在推进之中。不过列宁格勒工业区仍然是首要目标。哈尔科夫是第二位的目标，莫斯科则位列第三。"希特勒依然维持了自己的最终决定。[23]

战局到1941年8月15日的发展（地图14和地图15）

国防军最高统帅部在7月下半月，下达了自相矛盾的指令和进行整补的命令，命令中央集团军群转入防御，虽然该部已经肃清了来自右翼的威胁。而其右翼的第2装甲集群在得到2个步兵军的加强之后，在8月1日—8日的突破战斗中，试图围歼罗斯拉夫尔以北苏军三四个师的兵力。虽然中央集团军群右翼的威胁已经解除，但仍然未能获得朝莫斯科方向展开进攻的行动自由，希特勒强调该部应该像东南方向的戈梅利推进，以便解决苏军第21集团军，这个理由是站得住脚的。另外，在8月10日到8月18日，希特勒向南方集团军群司令部施压，要求该集团军群以第2集团军继续越过戈梅利向切尔尼希夫（Chernigov）进攻，迫使苏军第5集团军放弃在该集团军群北线战场的顽强抵抗。古德里安虽然一门心思在准备指挥部队向莫斯科东进攻，但是8月15日他还是极不情愿地命令右翼（第24装甲军，该军自从6月22日战争爆发以来几乎未经过休整）从克里切夫（Krichev）向南进攻。

直到8月9日，装甲军才被步兵军替换下来，进入后方地域，从罗斯拉夫尔以北撤退到斯摩棱斯克以东第聂伯河沿岸。第9集团军的2个步兵军在8月3日从西边突入斯摩棱斯克口袋，8月5日肃清了包围圈。从而在从亚尔采沃延伸至别雷西南，后来扩展到涅韦尔东北的地域形成了一条稳固的战线，第3装甲集群的各装甲军在这条战线后方实施休整。而我军北翼在大卢基方向的进攻，由于敌人的顽强抵抗在8月2日遭到失败。由于第9集团军司令阿道夫·施特劳大将（Adolf Strauß）患病，我从8月1日起受命指挥中央集团军群从亚尔采沃到大卢基一线的北翼部队。

在南方集团军群地域，第1装甲集群7月初的成功突破（见第062页）最初由于大雨和敌军反击而在白尔采科维（Belaya Tserkov）受阻。但是此后各装甲军在乌曼方向重新展开机动，直击苏联第6集团军后方。7月22日，靠西的那个装甲军从乌曼西北方向西南进攻，在德国第17集团军逼近文尼察时，切断守军东撤的道路。在这些军队与第聂伯河之间，还有2个装甲军在向南进攻，以便切断苏军南撤特别是经过新阿尔汉格尔斯克（Novoarkhangelsk）撤退的路线。8月1日，第1装甲集群的2个装甲军在阿尔汉格尔斯克附近及其以南地域构建了一条背东面西的防线。而与此同时，第17集团军的山地军向南急进，经过文尼察在乌曼突破了苏军后卫部队的阻击，逼近乌曼—基洛夫格勒的苏军撤退路线。苏军2个集团军被分割包围在多处，经8月3—7日特别激烈残酷的血战，最终被歼灭。[24] 到8月20日为止，整个第聂伯河河曲地带都落入南方集团军群控制之下。8月18日，第1装甲集群在扎波罗热附近的第聂伯河东岸夺取了一个立足点。德军第17集团军和第6集团军进入基辅以南第聂伯河沿岸，苏军则坚守着基辅。8月21日，苏军第5集团军面对中央集团军群南翼部队对戈梅利的攻击，最终被迫从科罗斯坚以西的沼泽地带撤出，进入第聂伯河以北的基辅。

北方集团军群地域的机动部队仍然未能集结起来取得战果。此前第4装甲集群有6个师兵力可供调遣，到8月中旬只有1个党卫军师由于战术意图位于伊尔门湖以南，还有（第56装甲军的）1个摩托化步兵师正在向卢加地域进攻。

不过，第41装甲军还是集结了3个装甲师和1个摩托化步兵师。从8月8日开始，该军从纳尔瓦东南出发，向卢加河下游北进。8月14日，该部先锋已经抵达赤卫军村（Krasnogvardeysk）—纳尔瓦铁路沿线，并且转向东边的列宁格勒前进。[25] 为利用这一战果，第41装甲军本应该得到第56装甲军2个摩托化步兵师的增援，但是后者并未增派援兵。

1941年8月12日，"第34号训令"补充命令的下达（地图14和地图15）

南方集团军群在乌曼附近歼灭苏军主力，大大增加了该集团军群凭借自身兵力渡过第聂伯河并夺取乌克兰和克里米亚第可能性。因此，国防军最高统帅部在8月10日对战局评估如下：

最强大的敌军在中央集团军群当面。歼灭他们和夺取莫斯科是东线最重要的目标，这尚待完成。我军临时从中央方向朝南北两个方向实施追击行动，但是不应当为此目的投入主力，因为这将削弱主要突击方向的兵力。反之，对次要目标的攻击应该在决定性进攻之前完成。中央集团军群南翼就已经展开类似意图的进攻。该集群北翼部队确实不足以击败大卢基和托罗佩茨附近之敌。第3装甲集群的集结肯定不仅是为攻击瓦尔代丘陵。侧翼行动应该在14天之内完成，这样就可以在8月底开始对莫斯科进行总攻。北方集团军群的布置缺乏纵深，兵力也不集中，因此必须努力向东北方向进攻，这将耗时数周。第3装甲集群应该坚决避免在地形难以通过的瓦尔代丘陵迁延时日。[26]

希特勒也不反对国防军最高统帅部所做的判断，他同样希望首先消除中央集团军群南北两个侧翼的威胁。因此，8月12日国防军最高统帅部发布了"第34号指令"的补充命令。由于乌曼战役大获全胜，南方集团军群的兵力相对足够强大了：

强渡第聂伯河，夺取在河对岸进行远距离行动的主动权，并完成宏大的战役目标。必须阻止敌军依托第聂伯河完成新的防线，为此要在第聂伯河东岸建立桥头堡。中央集团军群应该削除南北两翼的威胁，特别应该和托罗佩茨方向的第16集团军南翼部队建立联系。而中央集团军群北翼部队应向北进击，与北方集团军群建立联系，这样可以掩护该集群的南翼，使其可以调动更多的部队投入进攻。只有完全肃清了两翼的威胁，以及装甲部队完成了休整，中央集团军群才能够对集结在莫斯科方向的苏军展开进攻。而这次进攻的目的，是要在冬季来临前夺取敌人的政治、武器工业和交通中心（也就是莫斯科）。[27]

得到该训令后，陆军总司令部似乎有些放松的气氛。很显然司令部人员都相信接下来的决定性战役必然直指莫斯科方向。之后至少还有一个半月气候良好的时间，可以准备并实施对莫斯科的攻击。而此前在大约差不多的时间里，中央集团军群从苏瓦乌基到明斯克—维捷布斯克再到斯摩棱斯克，总攻推进了大约700公里，在此过程中连续击败了苏军的基干部队。那么期望中央集团军群从亚尔采沃（斯摩棱斯克以东）到莫斯科，击败兵力已经大不如前的敌人，并推进300公里绝非是不可能完成的任务，虽然我军在人员（从1941年6月22日开始总共损失了213000人）和装备方面也有一定的损失。[28]

另外一个问题是中央集团军群是否能够在向莫斯科东进的长距离推进过程中，有足够的兵力应对两翼的威胁。苏军依然据守着瓦尔代丘陵，装甲部队几乎无法通过这里，苏军可以依托这一阵地向任何攻击莫斯科之敌的侧翼迂回。另外北方集团军群接下来要沿着伊尔门湖和楚德湖之间的地域，向列宁格勒展开攻击，但该集群是否有足够的兵力同时在南翼的瓦尔代丘陵展开攻击，以掩护莫斯科方向的攻势，很显然德军在东线北半边的3个装甲集群也不足以实施对莫斯科的钳形攻势。从战役全局来看，德军装甲集群应该在7月初集结于斯摩棱斯克和霍尔姆之间地域。而不是像现在这样，分布在罗斯拉夫尔河纳尔瓦之间地域（也就是700公里范围），导致根本无法进行任何战役协同。第3装甲集群和第4装甲集群最少也需要一定时间，才能联合起来在瓦尔代丘陵以南投入战斗，而这基本上也就宣布了放弃包围列宁格勒的企图。但是，到底还是出现了战机。

关键性决定（地图15）

国防军最高统帅部热忱地期望中央集团军群在8月底进攻莫斯科的同时，8月15日，希特勒再次被北方集团军群战线的局部危机所影响，从而做出了一个关键性决定。他命令"中央集团军群暂停在莫斯科方向的进攻。应从第3装甲集群调一个装甲军（下辖1个装甲师和2个摩托化步兵师）转隶北方集团军群，因为该集群的进攻有陷入停顿的危险。"[29] 为什么他会对北方集团军群的战局做出如此悲观的估计？

第16集团军所属2个军中的1个军（第10军）向伊尔门湖以南地域东进，遭到强大得多的苏军（第38集团军的8个师）反击，被向北推往伊尔门湖。北方集团军群投入了一个党卫军师和一个摩托化步兵师，它们此前在卢加和伊尔门湖附近战斗，为援助第10军，在第56装甲军的指挥下投入战斗。反击开始于8月19日，以苏联第38集团军的失败而告终，其残部向瓦尔代丘陵撤退。[30] 希特勒现在要求以中央集团军群的机动部队加强北方集团军群，他7月初就打算这样做，但未能下令。当时，派第3装甲集群渡过西德维纳河前往卢加或者普斯科夫，可以让北方集团军群将敌军压向波罗的海，这将令战役进程出现决定性的转折。而现在，6周之后，中央集团军群即将向战役目标莫斯科迈出最后一步时，其装甲集群却被调走了半个。从第3装甲集群调出的这个军（第39装甲军，下辖第12装甲师、第18和第20摩托化步兵师）并没有直接投入战局最危险的地方，而是划出一个大弧线从维尔纽斯向北方集团军群北翼前进。之所以如此部署，是为落实希特勒关于夺取列宁格勒工业区的指示，并且切断"布尔什维克的堡垒"同莫斯科的联系。该军在列宁格勒以南向东实施深远进攻，经过巨大的努力，而且有些部队不得不步行行军，最终抵达季赫温。第41装甲军已经成功向列宁格勒展开攻击，但仅仅一周之后，列宁格勒已经遥遥在望，该军的攻势却暂停了下来且被迫候车。第41军奉命归第3装甲集群指挥，参加10月初对莫斯科的最后攻击。该军确实很难适应这种"朝令夕改"的情况。[31]

在第39装甲军转隶北方集团军群之后几天，第3装甲集群的另外一个军（第57装甲军）得到了以第19和第20装甲师突破大卢基附近敌军防线的命令。该部在8月22—27日间迅速完成了这个任务。该军沿着被大雨浇透的道路追击逃敌，于9月1日抵达托罗佩茨以东的西德维纳河沿岸。在整个9月，双方在杰米扬斯克附近，以及霍尔姆和奥斯塔什科夫（Ostashkov）之间爆发了激烈地战斗，第57装甲军在第56装甲军的配合下，沿北方集团军群南翼向东朝着瓦尔代丘陵地带推进。瓦尔代丘陵地带由于连续的暴雨而一片泥泞，加之这一地域森林茂密、湖泊纵横、缺乏道路交通网络，因而一年当中的这个季节并不不适合在此投入装甲部队。所以，相比第16集团军来说，兵员和车辆损失严重的第57装甲军的战斗力就要大打折扣了。10月初，苏军仍然据守着瓦尔代丘陵。第57装甲军在损兵折将的情况下，南下400公里抵达斯摩棱斯克，从而与南翼的第4集团军汇合，参加中央集团军群对莫斯科的进攻。[32]

我们在这里不得不简单一笔带过，简述8月15日希特勒下达的那道命令所带来的影响。将第3装甲集群的5支机动部队北调，加上第2装甲集群大部都在戈梅利方向上展开进攻，中央集团军群因此基本丧失了向莫斯科进攻的机会。对于苏德战争来说这个命令是具有决定性意义的，希特勒其实7月4日就已经下达了这个命令，不过却被一拖再拖。

然而现在时间紧迫。完成了次要目标之后，在秋季我军是否仍能一路猛进长途奔袭直抵莫斯科？更重要的是，摩托化部队在旷日持久的战斗中损失不小，只得到有限的休整补充，在俄罗斯的严冬中必然会面临更大的困难，对苏联首都展开最后的致命一击还有无可能？

这些问题都是国防军最高统帅部和陆军总司令部要深思熟虑的。8月18日，国防军最高统帅部在一份《东线战况评估》中做出结论"东线德国陆军的南、北2个集团军群都有足够的兵力完成各自的任务，与此同时中央集团军群要对莫斯科实施突击。应该放弃那些看似有诱惑力的局部胜利（比如说第二集团军群南下攻击），把兵力用在关键位置"。

1941年8月18日—22日，基辅，而不是莫斯科（地图15）

尽管调兵给北方集团军群，陆军总司令部仍主张在莫斯科方向进攻。苏军寻求在通向莫斯科的道路上与我军展开决战，为此在那里集结了最强大的兵力。42个步兵师守卫在莫斯科前方，另有20个师在城中备战。8月18日，陆军总司令部向希特勒提交了进攻莫斯科的详细计划，以敦促他做出决定。该计划建议中央集团军群应部署42个步兵师和12支快速部队。其编制如下：

a. 南攻击集群：下辖第2装甲集群和第2集团军（9个步兵师，1个骑兵师和8个摩托化部队），将突破布良斯克—罗斯拉夫尔一线向卡卢加推进，其右翼保持与奥卡（Oka）河的联系。

b. 中央防御集群：第4集团军（10个师）布置在罗斯拉夫尔—亚尔采沃一线。

c. 北攻击集群：第9集团军和第3装甲集群（13个步兵师和4个摩托化部队）其中半数部队应从别雷以南进攻，而另外一半则从托罗佩茨发起进攻，左翼保持与伏尔加河的联系。

陆军总司令部为此还提出了2个要求：

a. 应该限制正在向戈梅利发动的进攻朝南发展的范围，以便未来向东转兵，也就是说步兵部队不应超越戈梅利—斯塔罗杜布（Starodub）一线，机动部队则不应越过诺夫哥罗德南下，而应该向东推进。

b. 第3装甲集群不应调往托罗佩茨，参加北方集团军群南线的战斗。[33]

希特勒坚决反对这两个要求。当时他很坚定，除包围列宁格勒之外，还要把战役重点放在南方集团军群。但希特勒也吃不准，北攻击集群的机动兵团兵力是否足以达成突破并实施接下来的进攻，另外就是在这么宽广的战线上很难进行统一的指挥。事实上，北方集团军群所辖的9支机动部队如今分布在各个战线，已经暴露出了恶果，现在根本无法投入到主要方向上。

8月12日，希特勒下达了在冬季来临之前夺取莫斯科的命令，但是他仍然在8月20日强硬地拒绝了陆军总司令部的建议，并且表示他不但反对布劳希奇的建议，同样也不同意国防军最高统帅部的计划。希特勒提出的这个战役目标此前曾经多次提出又自我否定。即将来临的战役最重要的目标不是莫斯科以及拱卫莫斯科的苏联军队，而是"夺取克里米亚，夺取顿巴斯工业区和煤矿产区，并且切断高加索油田"[34]。

希特勒此时认为应该优先解决经济目标，而不是以前所提出的"歼灭在任何地方出现的苏军有生力量"。中央集团军群当面正遭到苏军的反击，这证明苏军仍然有相当的战斗力，但此时去考虑夺取苏联的经济重地，以剥夺苏联重新组建新部队的能力还有些为时过早。这一局面恰如克劳塞威茨所说"真正伟大的功绩并不是制定一个出色的战役计划，最困难的在于作战过程中，坚定的贯彻我们为自己制定的原则。"[35] 希特勒的这个决策违反了应该优先歼灭苏联军队，而不是夺取经济和政治目标这一原则。在1941年8月21日电一份命令里，希特勒指出将重点从中线转移到南线，为的是"由于我军推进至戈梅利—波切普一线，从而造成了如此宝贵、有助行动开展且有利的态势，我军必须立即抓住这一机会，集中中央集团军群和南方集团军群主力于一个方向实施作战"。实质上，根据这些命令，德军不仅按照计划歼灭了苏军第5集团军，而且还在基辅切尔卡瑟—罗姆内地区包围了苏军另外3个集团军。这是迄今为止战争史上最大的包围圈。尽管取得了辉煌的胜利，但在德国的战役计划框架中，这一次要行动却吞噬了宝贵的时间和资源，严重影响甚至是直接导致德军无法占领莫斯科，这才是德国最初的战役目标。

注释

1. 参考文献：劳斯，"通往列宁格勒的大门"。

2. 参考文献：纽伦堡文件，in OKW/L, War Diary, 第8卷。

3. 参考文献：纽伦堡文件，P.S. 1799, special records, appendix 18.

4. 参考文献：纽伦堡文件，memorandum by Hitler, 21 August 1941.

5. 参考文献：纽伦堡文件，OKH directive on 28 July 1941, 国防军最高统帅部作战日志第8卷。

6. 哈尔德日记，1941年7月21日。

7. 哈尔德日记，1941年7月19日。

8. 哈尔德致军需总监保卢斯少将（哈尔德日记，1941年7月26日）。

9. 1941年7月23日布劳希奇和希特勒的会见（纽伦堡文件，国防军最高统帅部作战日志vol. 8）。

10. 参考文献：克劳塞维茨，第8卷，第9章，第919页。

11. 参考文献：纽伦堡文件，P.S. 1799, Chief of the OKW, No. 1419, 54/41.

12. 参考文献：纽伦堡文件，国防军最高统帅部作战日志第8卷。

13. 参考文献：纽伦堡文件，OKH, Operations Section, War Diary, part C, vol. 2.

14. 参考文献：纽伦堡文件，appendix to OKH, Operations Section, 1401/41, 28 July 1941.

15. 参考文献：纽伦堡文件，P.S. 1799, special records, appendix 23.

16. 参考文献：纽伦堡文件，P.S. 1799, special records, appendix 24.

17. 古德里安集群，不要与整个集团军群（也就是中央集团军群，Heeresgruppe Mitte）混淆。

18. 参考文献：纽伦堡文件，P.S. 1799, special records, appendix 25.

19. 参考文献：纽伦堡文件，OKH directive on 28 July 1941, Chief of Staff of the Army, operations section, 1440/41.

20. 参考文献：纽伦堡文件，WFSt War Diary, appendix 13.

21. 哈尔德日记，1941年8月5日。

22. 哈尔德日记，1941年8月7日。

23. 古德里安回忆录，第171页；哈尔德日记，1941年8月4日。

24. 参考文献：Hans Steets, Gebirgsjäger bei Uman: Die Korpsschlacht des XXXXIX. Gebirgs-Armeekorps bei Podwyssokoje 1941, Heidelberg: Scharnhorst Buchkameradenschaft, 1955.

25. 参考文献：莱因哈特，"第41装甲军的进展"，第131页。

26. 参考文献：纽伦堡文件，P.S. 1799, special records, appendix 32, OKW/L, War Diary.

27. 参考文献：纽伦堡文件，WFSt War Diary, appendix 9.

28. 哈尔德日记，1941年8月3日。

29. 参考文献：纽伦堡文件，P.S. 1799, special records, appendix 36, OKW No. 941386, 15 August 1941.

30. 参考文献：曼施泰因，第201页。

31. 参考文献：曼施泰因，第203页。

32. 参考文献：克诺贝尔斯多夫。

33. 参考文献：纽伦堡文件，OKH Chief of Staff, Barbarossa Ⅲ.

34. 参考文献：纽伦堡文件，P.S. 1799, WFSt/L 441412/41.

35. 参考文献：克劳塞维茨，'Die wichtigsten Grundsätze des Kriegführens usw'., p. 978.

第九章
维亚济马战役的作战行动

战略背景

基辅战役的大规模包围行动占据了整个9月。9月26日，基辅东南部地区苏联第5、第26、第37和第38集团军残部最终被消灭。南方集团军群当面的苏军战线被打开了一个缺口。然而，现在的问题是是否还来得及夺取1941年8月21日希特勒所发布的政治经济目标，也就是"夺取克里米亚，夺取顿巴斯的工业区域和产煤区，并且切断高加索油田的供应"。在俄罗斯南部，德军面临的最大威胁并不是即将到来的冬季，而是秋季暴雨导致的洪水泛滥，以及泥泞的道路无法供重型车辆通行。当时德国领导人才刚刚领教俄罗斯十月中上旬来临的"泥泞时期"的威力。不过虽然面临严峻的自然环境的挑战，但是德军在南线的战略目标总体上还是实现了。到11月中旬，德军第11集团军已经占领了除塞瓦斯托波尔之外的克里米亚全境，苏军再也无法利用克里米亚半岛作为"航空母舰"，从这里出发空袭罗马尼亚油田。从11月初开始，第1装甲集团军和第11集团军就夺取了顿巴斯工业区的主要城市，包括斯大林诺、阿特木斯克（Artemovsk）和斯拉维扬斯克（Slavyansk）。

为配合南方集团军群，中央集团军群（即第2集团军和第2装甲集群），在基辅战役期间大举南下直扑季斯纳以南。第2装甲集群以三分之二的兵力守备罗姆内（Romny）—格卢霍夫（Glukhov）—诺夫哥罗德一线，防备东面苏军援兵的解围。

中央集团军群余下的兵力包括第4和第9集团军，以及第2装甲集群一部，当面苏军巩固了自己的防线。其战线从波切普（Pochep）经过罗斯拉夫尔、叶利尼亚和亚尔采沃向东延伸至托罗佩茨。

北方集团军群以第18集团军封闭了列宁格勒包围圈。第39装甲军在8月中旬从第3装甲集群抽调出来以后，在9月初夺取了什利谢利堡（Schlisselburg）并且切断了通往莫斯科的交通线。10月初德军向沃尔霍夫方向发起突击，最终夺取了季赫温（Tikhvin），但是未能打通和芬兰军队的联系，后者在9月初已经攻抵拉多加湖以东的斯维里河（Svir）。第16集团军麾下各军被牵制在伊尔门湖东南，瓦尔代丘陵的西部地区。

基辅以东的战斗仍在继续的时候，集中中央集团军群主力向拱卫莫斯科之敌进攻的念头又重新开始冒了出来。该集团军群要求调回第2集团军和第2装甲集群，但是这两支部队要到9月底以后才能从进攻作战中摆脱出来，所以攻势只能在10月初开始。而这么晚再向莫斯科进攻能否得手就很令人怀疑了。中央集团军群因此只能计划夺取相对有限的目标。德军将以攻击集群展开对罗斯拉夫尔的钳形攻势，进攻维亚济马东北部，然后北集群从西北方向攻击维亚济马。斯摩棱斯克以东苏军将会被包围，而集团军群其他部队将包围并歼灭该敌。

尽管中央集团军群希望第2装甲集群和第2集团军能加入攻击莫斯科的行动中，国防军最高统帅部的八月计划中设想使用这些部队（即南攻击集群）经过布良斯克向卡卢加进攻，第2装甲集群向罗姆内以南突击，也就是说该部要从格卢霍夫地域向奥廖尔进攻，并从后方打击苏军。而第2集团军则将被限制在沿诺夫哥罗德—布良斯克一线，第2装甲集群的5个装甲师和4个半摩托化步兵师必须要从现在的维亚济马主攻方向运动到另外一条战线。由于3个装甲集群并没有什么战役配合，所以它们后来是向图拉而不是卡卢加进攻。

第4装甲集群在9月转隶中央集团军群。该集群应该集中全部两个装甲军（伊尔门湖以南的第56装甲军和列宁格勒的第41装甲军）集结于最容易赶到的位置，也就是西德维纳河上游的托罗佩茨和霍尔姆附近。然后该两个军就能在集团军群左翼向勒热夫进攻的时候取得有利地位。但是当时已经来不及对勒热夫实施攻击了，因此第4装甲集群参谋部不得不负责指挥在罗斯拉夫尔附近集结的南攻击集群，该集群除了第2装甲集群所部之外还有集团军预备队的2个装甲师。该攻击集群也包括第57装甲军，9月底这个军仍然在第16集团军编成下，于瓦尔代丘陵附近战斗，第41装甲军的这3个师和第56装甲军都隶属第3装甲集群的北攻击集群。

因此有相当部队分配给中央集团军群用于攻击莫斯科。除了3个步兵集团军之外，还有3装甲集群下辖的11个装甲师，8个摩托化步兵师，"大德意志"摩托化步兵团以及第900摩托化教导旅。另外还有大批突击火炮和中型火炮（主要是从北方集团军群调来的）抽调到中央方向，还有2个航空队为中央集团军群提供空中支援，至此为进攻莫斯科所集结的部队可谓万事俱备。当然，我们当时还无法预料1941年冬季的气候状况，更不可能为此做出相应的计划。10月的气候是否仍然干燥，适合快速进攻和长距离的输送物资呢？1864年的第二次石勒苏益格战争结束以后，老毛奇曾经写道"战役行动应该以季节而不是气候为基础"[1]。1941年9月，战场道路出现的种种问题显示夏天已经彻底结束了。然而，德国领导层仍然希望接下来能够毕其功于一役。

1941年9月，第3装甲集群作战态势（地图16）

直到8月底苏军仍在顽强地反击斯摩棱斯克，德军第4集团军被迫撤出叶利尼亚突出部。接下来苏军也停止进攻转入防御。斯摩棱斯克—维亚济马高速公路以北的苏军将阵地延伸到沃皮河以西的亚尔采沃，毗邻诺沃肖尔基—别雷公路。战线从该处向西急剧弯曲，然后沿着巨大的沼泽地西部边缘延伸，向南扩展到西德维纳河以及莫斯托瓦亚（Mostovaya）之间的铁路。前线在巴耶沃（Bayevo）延伸到西德维纳河沿岸，从这里沿着河东岸向北延伸，然后向西进至瓦尔代丘陵西部边缘。9月初第19装甲师在安德烈亚波尔（Andreapol）夺取了一个小桥头堡阵地，在第23军的援助下，顶住了苏军的反击。但是苏军仍然精心构筑了一整套堑壕和堡垒，打算依托防线坚持到冬季来临。同时苏军正在第聂伯河上游对岸，瑟乔夫卡附近以及勒热夫以西构筑主要防线。然而，真正拱卫莫斯科的防线是从卡卢加经由博罗季诺延伸到加里宁，其中博罗季诺是1812年战争时的战场。成千上万的莫斯科工人被动员起来，使用各种工具修筑防御工事，逐渐构筑起一道具备防御纵深的防线，而这条防线在斯摩棱斯克—莫斯科高速公路沿线的核心阵地已经构筑完毕。苏军的防御体系以混凝土地堡和火力点为核心，包括障碍物、雷场和防坦克壕。当时我们还无从判断如果发起攻击，苏军是否会撤过第聂伯河。第聂伯河防线并没有大批守军。相比之下，苏军在莫斯科正在组建12个预备役师。

德军各部位置如下：第8军和第5军（8个步兵师）守卫亚尔采沃—诺沃肖尔基地区，第6军（3个步兵师）掩护诺沃肖尔基—巴耶沃地区，第23军（同样下辖3个步兵师）位于西德维纳河沿岸，从巴耶沃延伸到安德烈亚波尔以北。

隶属于第3装甲集群的装甲军，如前文所述，继续配合北方集团军群行动。第7装甲师、第14摩托化步兵师和第900摩托化教导旅正在第9集团军后方进行休整，但在此期间这些部队都要不断协助步兵部队阻挡苏军的反击。这一阶段德军官兵尤其是基层军官的伤亡明显高于进攻作战阶段。而基层军官的伤亡难以得到有效的补充。另外，由于发动机和坦克的补充数量不足，装甲师的兵力无法恢复到齐装满员的状态。

战役考虑

9月初，博克曾经要求我为战役行动划定一个轮廓，主要条件如下：第9集团军应突破当面之敌，向维亚济马方向进攻，并且和从西南方向进攻维亚济马的第4集团军相配合，歼灭被围之敌。隶属装甲集群的包括第7装甲师、第14摩托化步兵师和第900摩托化教导旅。而且还将包括（第41装甲军和第56装甲军军部）第1、第6和第8装甲师，第36摩托化步兵师。

第3装甲集群司令部的人一致认为当面之敌不会撤退，而是更有可能避免撤过第聂伯河到莫斯科防线附近。而只有这样我军才能歼灭该敌。由于苏军已经建立起了连续的防线，所以我军为迂回敌军必须首先达成突破。而关于突破口的选择，我们讨论了3个方案。

第一个方案是进攻地点尽可能靠北，越靠北越有可能抓住大批敌军。从伊尔门湖进攻应该是最佳方案。这一地区的战局正在发展，也没有形成稳定的战线。但这一方案的不利因素是，洛瓦季河以东和瓦尔代丘陵地形太过恶劣，摩托化部队难以迅速机动。而且第9集团军无法极快地投入行动，其起到的作用不会很大。因此这个方案未能通过。

第二个方案是以安德烈亚波尔桥头堡为进攻出发阵地，越过西德维纳河从托罗佩茨以东发起进攻，直指毗邻涅利多沃（Nelidovo）—奥列尼诺铁路以北的高地，然后转兵向南进攻维亚济马。在包围作战过程中需要考虑到西德维纳河沿线位于安德烈亚波尔—巴耶沃地区的苏军。第9集团军主力应该实施进攻，以便改善装甲集群的后勤保障条件，并尽可能地在大卢基到西德维纳河之间的铁路沿线扩张战果。不过，这种方案必须考虑侧翼敌军的威胁，我军的行动速度以及时间问题。一旦第3装甲集群跨过别雷—瑟乔夫卡一线向东南进击，将能够马上给苏军造成威胁。然而那个时候苏军很可能已经撤退到了第聂伯河彼岸。我们考虑到从安德烈亚波尔到维亚济马之间200公里的进攻路程，很可能受到恶劣气候的困扰。另外，由于行动规定的时间有限，必须沿着较短的进攻路线实施快速进攻，因此远程迂回包抄的方案也被迫放弃了。

第三种方案满足了这些条件，在诺沃肖尔基地域经过霍尔姆向维亚济马突破。我军装甲部队能够紧密配合，且考虑到还比较干爽的气候，我军应该能够在进攻的第二天就抵达第聂伯河沿岸的霍尔姆，然后苏军集结强大兵力之前向维亚济马进攻。如果跟随的步兵师行动迅速，有可能在维亚济马和霍尔姆之间（60公里）构建包围圈阵地。这个规模有限的行动方案的缺点，是别雷西南的苏军虽然可能遭到我军的进攻，但应该不会被包围。他们迟早会出现在第9集团军北翼。另外一个缺点就是，在这样狭小的地域，苏军依靠畜力行动的部队有可能阻碍装甲军后勤保障部队的行动。这样的话，就有必要从友军那里抽调步兵师到第3装甲集群。

我决定不理会参谋人员的合理担忧，后者认为装甲集群应该重新隶属博克指挥，突破诺沃肖尔基以东战线向霍尔姆推进。

根据进攻计划，第9集团军也隶属于中央集团军群指挥。该集团军准备以第5军为先导，将主攻方向放在沃皮河。集团军两侧各有1个装甲军，以保证步兵的快速进攻。这等于是放弃了装甲集群迂回到苏军后方实施战役进攻的计划。集团军群因而命令第3装甲集群沿着霍尔姆—维亚济马方向突破。友邻步兵军（第5和第6军）也归属装甲集群指挥。

第三个包围圈

第3装甲集群此前参加的包围战都是战役进程的产物，这些包围圈都是临时的。现在的问题是为创造从后方打击苏军的空间，需要突破其防线。为突破行动进行周密的准备工作，是成功达成包围的先决条件。诺沃肖尔基以东地区的道路和地形条件，都只能容纳一个装甲军沿着狭窄地段实施主攻。由于前线在这里急剧转弯，其他的装甲军都只能向别雷展开向心突击。

第56装甲军军部率先抵达，因此由该军军部负责准备向霍尔姆的进攻。为此该军下辖第7和第8装甲师，以及已经在前沿的第129步兵师。由于北方集团军群迟迟不放第8装甲师，最后不得不用第6装甲师代替。不幸的是，自从战役开始就投入战斗的第41装甲军不得不分兵多处。几个装甲师下辖的坦克团都不满编，可是突破行动的成败与否就取决于强有力的装甲兵，因此德军将几个坦克团统一配属给第6装甲师指挥，直到抵达第聂伯河再做调整。这种部署在战争中很少见，但是由于恶劣的道路条件，第7装甲师无法在进攻中完全发挥威力。事实上，后来苏军一个坦克旅在德军抵达第聂伯河之前不久，对德军南翼展开了有力反击，这证明了第6装甲师迅速推进的重要性。第129步兵师跟随在2个装甲师后方，任务是沿着第聂伯河以东的包围圈阵线部署。

第5军将利用装甲部队突击造成的有利条件展开自己的攻势，该军掩护第56装甲军的侧翼，配合主要突破方向的战斗，并且要尽快帮助装甲军在第聂伯河以东摆脱苏军的纠缠。

落在第41装甲军身上的任务尤其困难，该军现在下辖第1装甲师和第36摩托化步兵师，其第6步兵师已经在前线投入了战斗。该军应该夺取别雷这个道路交通枢纽，然后以机动部队转兵向西，在霍尔姆以北渡过第聂伯河，保障第3装甲集群北翼，防备瑟乔夫卡方向苏军。第41装甲军出色的指挥官是我军向东顺利展开进攻和装甲集群紧密配合的有力保障。

第6军紧随在第41装甲军身后，攻击罗蒙诺索沃（Lomonosovo）两侧苏军，将别雷以西的苏军赶进沼泽地带，然后确保别雷以东地区，防备勒热夫方向之敌。

在此我不想讨论战术上的细节，而是谈谈战役行动的结果。10月2日，我军利用干燥气候发起突然袭击大获全胜，达成了突破。这一次我们又得到了第8航空军的大力支援，德军装甲部队在突破地段并未遇到苏军的顽强抵抗。第56装甲军的坦克部队冲击到诺沃肖尔基和霍尔姆之间队沃皮河沿岸森林地带，苏军一个坦克旅在霍尔姆西南顽强地战斗到最后一刻，大大延缓了我军渡过第聂伯河的行动。10月4日，第6和第7装甲师在第聂伯河夺取了完整的桥梁，击破苏军抵抗并向维亚济马进攻。10月6日，第7装甲师第3次切断了苏军沿高速公路撤退的路线，此时苏军企图从第聂伯河撤退但是为时已晚。10月7日，第10装甲师（归第4装甲集群指挥）在维亚济马附近和第7装甲师南翼建立了联系，第56装甲军建立了一个从维亚济马到霍尔姆以东的牢固包围圈。此后苏军曾经多次试图夜间突围，但均遭到了惨败。

第41装甲军在别雷以南也击溃了强大苏军的抵抗。10月4日，该军抓住机会从别雷以南迂回，向纵深东进，将别雷留给了第6军。第41装甲军与第56装甲军展开协同行动，一路猛攻并在10月7日渡过第聂伯河，稳固了包围圈的后方。

第5军则根据计划迅速行动，通过霍尔姆及其以南地区，接替装甲师承担包围的任务。少数苏军部队趁机突出了包围圈。

西德维纳河上游第23军并未遭遇多大的困难。10月7日苏军放弃了阵地，由于其布设的雷场，导致第23军失去了和苏军接触，该敌几乎未经损失就撤退到了勒热夫西北的伏尔加河沿岸。

现在回顾当时的战局，第56装甲军本有能力承担突破和包围的任务，而第41装甲军应该能够在第23军的配合下更有效地发挥作用。如果第41军没有担任第56军侧翼保障的任务，那么第56军是否还能够经过霍尔姆实施包抄向维亚济马进攻？

包围大获成功。在第3和第4装甲集群配合下，第9和第4集团军分别遂行的进攻让苏联军队损失了45个兵团。到10月20日，布良斯克附近苏军又有15支部队被第2装甲集群和第2集团军围歼。德军兵锋已经触及莫斯科防线，最大限度地发挥了装甲部队的优势，夺取了在莫斯科方向实施行动的主动权，苏联政府机构（除了斯大林本人）和数以万计的民众匆匆撤出了莫斯科。德军最终的战役目标莫斯科如今似乎触手可及，我们希望夺取莫斯科从而摧毁苏联的政治、经济和军事力量，怎能在此顿兵不前，从而错过这一千载难逢的良机呢？

但在维亚济马包围圈最终封闭的10月7日，整个东线战场普降大雪，这表明我军要暂时停止战役行动。然而德军领导层却不这么认为，反而命令我军应该在1941年年底夺取莫斯科。第3装甲集群在10月14日夺取加里宁，10月18日第4装甲集群所部击退了从莫斯科防线博罗季诺发起反击的第32西伯利亚步兵师（来自符拉迪沃斯托克），同时10月24日，第2装甲集群一部正在通过奥廖尔向图拉开进。然而，接下来苏联方面却可以依托现有的有利条件，不必因为惨重的伤亡而惊慌。所谓的有利条件并不是俄罗斯的冬天，而是秋季的淫雨，迫使德军不得不停止进攻。由于雨雪天气昼夜不停，任何行动都会陷入及膝的泥泞中。接下来的几周中，由于缺乏弹药、燃料和粮食供应，战局急转直下。

在此我们对"巴巴罗萨"行动的讲述将告一段落。关于德军重新开始进攻并兵败莫斯科城下的过程，已经有不少材料和细节，在此不再赘述。[2] 然而，在最后有必要提出一个问题，那就是10月中旬布良斯克和维亚济马战斗结束以后，德国领导层对进击莫斯科的判断是否准确？

我们应该客观地回答这个问题。经过最后几周的战斗，应该能够预料在1941年余下的日子里道路情况会继续恶化。机动部队应该无法在冬季继续行动，这样就无从阻止苏军经过休整而恢复战斗力的计划。当然冬季战役也是严峻的挑战，冬装、毛毯、防冻液和暖炉，这些物资虽然已经做了准备，却没有及时下发到部队手中。另外，随着德军逐渐远离铁路终端，越发依赖公路运输，我军的后勤情况也更加糟糕。

即使不考虑1941年秋冬之际气候所带来的种种困难，德军的军事态势也很难令人满意。第2装甲集群由于参加了基辅战役，使其行动大为受限，失去了保持进攻势头的机会。[3] 因此很难说该部能否夺取下一个目标图拉。甚至即使该集群经过苦战终于推进到高尔基（莫斯科以东400公里远），也无法得到侧翼保障。第3装甲集群和第4装甲集群负责从北边包围莫斯科，它们必须突破莫斯科河—伏尔加河运河，以及伏尔加河水库。而在莫扎伊斯克附近，第4装甲集群首度遭遇从远东调来的苏军援兵。由于缺乏燃料，第3装甲集群动弹不得，兵力分散在维亚济马到加里宁之间的广大地域，而在加里宁和苏军激战的同时，该部的弹药也陷入短缺。而在装甲集群侧翼部队当面，此前尚未遭到败绩的苏军部队集结在勒热夫西北的伏尔加河沿岸。因此，从南北两翼包围莫斯科的机会基本上丧失了。

克劳塞维茨曾经毫不客气地奚落过那些只知以成败论英雄的"事后诸葛

亮"式的批评家，后者可能会对1812年9月初，拿破仑在博罗季诺不愿乘胜追击的决定大加批评。他们可能会这么大呼："由于迁延时日，结果他未能夺取敌人的首都，防备空虚的莫斯科，结果敌人得以以该城为核心聚集兵力重整旗鼓"[4]。1941年，决定停止进攻莫斯科的德国军队领导层是否也应该承担同样的指责？答案显然是否定的。德国领导层虽然做出了和拿破仑类似的决定，但并不是在9月初做出的决策，而是在时间过去6周以后。另外，和1812年拿破仑拒绝追击刚刚遭到失败，避免与法军决战的俄军不同。此时的苏联军队决定全力以赴保卫莫斯科这座历史名城，因此想要夺取莫斯科必然引发决战。应该坦诚地承认，德军并未消除北线苏军对莫斯科方向的威胁，因此我们在9月不得不把主攻方向南移，导致至少损失了一个月时间，从而丧失了从两个方向包围莫斯科的机会。另外还得承认，希特勒打算在一年之内征服苏联的企图是不切实际的。如果德军在冬季来临之前，在伏尔加河、顿河、第聂伯河以及西德维纳河流域沿线停止进攻，那还可以说是审时度势的明智之举。但是我军在莫斯科城下的失败却无法如此解释。莫斯科战役不但恢复了苏联红军的自信，还激发了俄罗斯的民族主义情绪，巩固了斯大林的个人地位。对于此前准备求和的苏联政府来说，莫斯科战役令其扭转了颓势。但这已经是政治战略范畴的问题了，因此不在本书的讨论之列。

注释

1. 参考文献：毛奇，第71页，脚注。

2. 参考文献：乔治—汉斯·莱因哈特，"莫斯科战役中的第3装甲集群"，Wehrkunde, issue 9（1953）.

3. 参考文献：古德里安，第213页。

4. 参考文献：克劳塞维茨，第8卷第9章。

结论

当今的历史学家一直在探索，为什么1941年德军在苏联的作战行动虽然军事上取得了压倒性的胜利，但是仍然未能达成最终的目标，他们同时对其他历史事件进行研究，从而得出了3个结论。首先，德国大大低估了苏联的政治力量以及军事能力。其次，希特勒的政治战略目标和军方的战役目标存在分歧。最后，希特勒在战役过程中不断施加干涉，导致军方和政府方面丧失了最重要的相互信任。因此历史学家可能会最终得出结论，造成战争如此局面的根源是入侵苏联的决策本就是错误的，因而所有军事上的努力从一开始就将徒劳无功。但就算是战略前景如此暗淡，争取胜利仍然是军人的职责，所以我将在适当的范围内，将军方所实施的战役行动分离出来，做相应地评判。由于我们无法彻底弄明白制定所有决策时的具体原因，因此也不能通过检视战役进程而得出最终的真相，或者是得出新的战役理论。只有在限制范围的情况下，我们才敢说提出应用于战役行动中，装甲部队进攻作战的某些理论和原则。应该指出的是，接下来的讨论是以1941年的情况为基础的。同样，应该考虑到苏联空军基本上没有对我军的行动造成什么大的麻烦。而在另一方面，我军的技术装备并不能完全满足东线作战的需要。

1. 装甲师和摩托化师是地面部队实施战役行动的手段。它们是最强有力的进攻武器，但是它们的消耗也相当快，因此需要集中使用。

2. 战役军团是装甲集团军，由多个装甲军组成，同样也应该包括依靠骡马输送的部队。将各军或师级部队分散使用是极大的错误，这样不能取得满意的战果，多个装甲兵团协同行动才是取得大捷的保证。

3. 装甲集团军应该在能决定战役胜负的关键位置投入使用，而不是在次要方向夺取次要目标。将装甲集团军部署在宽大正面执行多个任务，只能让它们越发分散。

4. 1940年的西线战役德军执行以下原则：突破敌军中央阵地，向海峡沿岸进攻，并且将盟军分割成两个部分，将其各个击破，期间几乎所有的机动兵团都集中在决定性方向（敦刻尔克）配合行动。但是在巴巴罗萨战役中，整个陆军根本没有一以贯之的战役计划。"巴巴罗萨"行动的部署命令只有针对局部战役的战术指导，德国装甲部队分散在整个战线上，而装甲部队大约有三分之一没有参加对莫斯科的最后一击。

5. 应该大胆使用装甲部队，不要对敌军采取正面攻击，寻求方法，迂回到敌人后方，切断其交通线。在需要依靠装甲部队机动能力的时候，必须要考虑到由此带来的危险。

6. 包抄敌人是决定性的行动，只有如此才有可能将敌军包围歼灭。投入的迂回部队越多，迂回的机动距离就越长，落入包围的敌人就会越多。因此，对空间和部队的运用必须得当。

7. 在攻击的第一波就投入装甲部队为最佳战术，可以充分发挥其机动能力，因为此时的道路还不会受到依靠畜力行进的部队的影响。如果装甲部队和步兵部队必须协同突破敌军阵地，就要严格区分作战区域，把比较狭窄的战斗区域分配给装甲部队使用是较好的办法。如果装甲部队要停下来等待进攻的步兵赶上来，很可能浪费时间，而且会给敌人以重整的时机。

8. 成功地应用装甲部队必须大胆而迅速地行动，保持作战的主动性，避免攻势陷入停顿。应该鼓励而不是扼杀指挥官的勇气。禁止装甲部队利用自己的机动能力（所谓的"保护"）以及让装甲部队在某个地方长时间徘徊，这都违反了坦克兵这个兵种与生俱来的特点。

9. 突然进攻在战争中往往能增加胜算，在现代战争中装甲部队就应该如此行动。突然袭击的要点首先在于以快速的机动迎头打击敌人的各种防御手段，从而击溃敌军及其指挥官的意志。而突然袭击同样也包括利用复杂地形，虽然复杂地形对作战行动有所限制。在失去突然性的情况下，则不应该鲁莽地采取行动。

10. 由于道路和桥梁的某些无法预料的情况，往往会影响摩托化部队的进攻速度。所以在给大兵团下达行动命令的时候，必须留出足够的时间，让部队能够完成任务。

11. 在宽大正面进攻的时候，必须利用一切可以使用的道路，减少部队开进的交通压力，同时限制敌军空袭的效果。但是必须采取必要措施（也就是说采取适当的梯次队形），保证部队在遭遇敌人的时候不至于无法投入战斗。将梯次纵深布置的部队集结起来，总要比横向分散的部队集中起来更容易。

12. 不幸的是第3装甲集群行动地域内的道路网情况非常糟糕，大大影响了我军的机动，特别是很多道路的情况在地图上看不出来。我们在波兰战役期间等经历，相比苏德战争来说只能是小巫见大巫。西线战场良好的道路网络，在东线只能是奢望。东线大多数道路在气候干燥的时候是沙土路面，到了雨季就泥泞不堪，而在战役发起前的准备中，又没有考虑如何避免交通拥堵的问题。我军采取了一些必要的措施，比如任命高级军官（将军）担任交通控制官，安排部队有序行军，在交通情况特别糟糕的地方组建配备拖拉机的劳工营，临时封锁超负荷通行的道路，还有就是暂时禁止某个路段点通行。类似的，在森林地带的交通状况更加糟糕，就算是在敌人只有零星抵抗的情况下，部署部队几乎都是不可能的。和西线（阿登地区）的情况类似，配备摩托车的步兵，或者在少数坦克之下配备越野车辆的部队有大用场，可以担任尖兵。

13. 并不是只能在适合装甲部队使用的地形上才能展开行动。但在难以通行的地带，比如说瓦尔代丘陵这样的地方，最好不要投入装甲部队。为避免车辆损耗太甚而难以补充，天气恶劣作战停止的时候，装甲部队只能在地形恶劣的地域暂时驻扎。总的来说，苏联境内的道路在夏季会短暂地保持干燥，而漫长的泥泞季节（春季和秋季），装甲部队必须停止战役机动。

综上所述，导致1941年夏季战局里德军进展未能达到预期目的的原因，可以说是在战役目的的框架下，对大规模装甲部队的使用犹豫不决，还留有和平时期的不良作风。装甲部队编入装甲集群是因为在法国战役取得了经验，在某种程度上来说是正确的。尽管西线战役中，独立的机动兵团为取得的胜利起到决定性的作用，但是在东线，机动兵团兵力太强，影响了非摩托化部队的运动。机动部队由于战术意图以集群、军或师为单位隶属步兵集团军指挥，这样往往就限制了其行动的自由。这样做没有什么明确的战役目标，我军试图通过横向的部署弥补在发展胜利过程中遭受的挫败。然而，这种补救手段太晚了，并且导致车辆的过度损耗以及燃料的消耗。一个装甲军的兵力不足以承担战役任务，而且侧翼和后方都暴露给了敌人。而如果可能的话，即使是道路和地形条件不佳，集中多个装甲军配合行动，将会对战役进程造成决定性的影响。

现在还很难说在未来核战争的条件下，这些经验是否还有用武之地，因为在这种情况下，敌人后方的交通线必然会遭到更大破坏。因此，汲取以往战役的成败得失，未来的坦克部队指挥官应该形成自己的观点，发展自己的理念，从而改善自己的指挥能力。希望他们能够留意当年欧根亲王的名言，这段话曾经让当时还是普鲁士王储的青年腓特烈印象深刻："不断反思你自己的技艺，你所承担的任务，同时借鉴那些名将的表现。这是提高思考问题的反应速度的唯一方法，因为需要在特殊的情况下立即做出决定，而且还要做出恰当的决定。"[1]

注释

1. 参考文献：引自施塔德尔曼，沙恩霍斯特，第165页。

生平
维亚济马战役之后赫尔曼·霍特的军人生涯

林登·里昂斯[1]

赫尔曼·霍特无疑是第二次世界大战中最为出色的坦克指挥官之一，虽然这一事实由于霍特本人强烈支持纳粹的扩张政策和种族主义意识形态而笼罩在阴影下。

1941年10月，霍特被委任指挥南方集团军群北翼的第17集团军。[1] 他最初的动作就包括在11月17日发布一道有关执行东线德军命令的指令（见附录10）。这份命令显现出他对希特勒溜须拍马的态度，据马塞尔·斯坦因（Marcel Stein）说，这令人们对"他的心智产生了怀疑"[2]。而这也表现出一战失败之后，德国对于所谓犹太布尔什维克集团的无端指责所带来的民族情绪。[3] 在追随希特勒观点的同时，霍特也试图超越10月10日陆军元帅瓦尔特·冯·赖歇瑙（Walther Von Reichenau）发布的一道类似命令。具体来说，霍特提到了"两者不共戴天的观点"："日耳曼民族的荣誉感和血统"与"一小撮犹太知识分子煽动起来的亚洲式价值观以及野蛮的天性"。他提出德国的历史任务是"保卫欧洲文明免遭亚洲野蛮人的征服"，这样的征服已经持续了两个世纪，而当前斗争的结局只能是"你死我活"。对于那些包庇"犹太—布尔什维克煽动分子"的俄罗斯民众不必抱有同情心，征服这片土地是为德国军队和祖国的利益。

---

[1] 林登·莱昂斯（Linden Lyons）在澳大利亚墨尔本的莫纳什大学取得了历史学硕士学位。此外还在弗莱堡大学学习过德语，在堪培拉大学学习图书馆学。莱昂斯在语言、国际象棋和剑术等方面都颇有造诣，目前和妻子及儿子定居于墨尔本。

这样的鼓吹造成大批普通苏联民众饿毙，加剧了反德情绪。[4] 因此到1942年2月，霍特就不得不考虑占领区可能爆发起义的问题，特别是那些有可能被苏军收复的地区,霍特被迫命令向这些地区运输非军事单位必需的粮食。[5] 然而第17集团军在1942年年初仍然在苏军的攻势之下被迫后撤。

1942年5月底，霍特就任第4装甲集团军司令。该部在1942年俄罗斯南部的夏季攻势中担当先锋，1942年6月28日向伏尔加河方向发起进攻。[6] 到7月5日时，第4装甲集团军兵临顿河沿岸，并参加了沃罗涅日战役。霍特指挥所部7月6日夺取沃罗涅日西部城区，但是等了几天，等到第6集团军赶上来之后，再继续向东南方向的斯大林格勒进攻。[7] 然而希特勒命令第4装甲集团军南下支援顿河下游的第1装甲集团军，结果霍特在7月未能指挥所部抵达斯大林格勒。[8] 第4装甲集团军重启攻势时，已经消耗太多燃油。[9] 另外，苏军已经集结起相当兵力，阻止第4装甲集团军和第6集团军向斯大林格勒推进。[10]

8月2日，霍特率部渡过顿河抵达科捷利尼科沃（Kotelnikovo），他从南边向斯大林格勒推进，而第6集团军从北边接进。2个集团军克服苏军的顽强抵抗，于9月3日在斯大林格勒以西会师，德军于9月13日进入城内。[11] 然而苏军在11月发动反击，将第6集团军、2个罗马尼亚集团军和第4装甲集团军一部包围在斯大林格勒。[12] 12月，第4装甲集团军余部得到加强后，试图打开一条通向城市的走廊，但推进受阻。另外，第6集团军司令弗里德里希·保卢斯大将按照希特勒的命令坚守斯大林格勒。结果第6集团军未能突围（最终被歼灭），而第4装甲集团军被迫在圣诞节撤退（见附录11）。到1943年年初，霍特不得不进一步向罗斯托夫撤退，将这一态势维持到2月初。[13]

在此期间，第4装甲集团军和第1装甲集团军按照曼施坦因元帅的命令执行换防行动，需要从南线德军阵地的最左翼和最右翼之间调动。这次行动将掩护德军的撤退，并为接下来的反击做准备。[14] 事实上，当时苏军已经是强弩之末，所以霍特在1943年3月撤退到哈尔科夫。3月1日，他向曼施坦因报告"攻击进展出奇的顺利"[15]。

此后，第4装甲集团军镇守库尔斯克突出部的南部边缘，同时莫德尔大将的第9集团军准备从北线进攻。[16] 由于德军复杂的战役计划以及大量的准备工作，意味着1943年7月以前都不可能发动攻势了，而在库尔斯克战役之中，德军遭到了完败。[17]霍特后来断言"突破苏军的防御体系相当困难,而且要付出巨大的代价且进展缓慢",事实上,将战斗中的德军集结起来也未能全面突破苏军的防线。[18]尽管进攻的进展缓慢,霍特仍然认为应该以歼灭敌军预备队,而不是夺取阵地为作战重点。[19]尽管他的先头部队党卫军第2装甲军,于7月12日在普罗霍罗夫卡面对苏军近卫坦克第5集团军夺取了战术胜利,然而无论是霍特还是莫德尔都还是无法取得突破。[20]8月,霍特面对苏军强大的攻势被迫向西南方向撤退,到9月底第4装甲集团军被迫继续西撤,在基辅以南依托第聂伯河固守。[21]在撤退过程中,霍特明白维持部队纪律以及保持建制完整的重要性,混乱的撤退也许会造成俄罗斯南部德军的大灾难。9月18日,霍特训令手下的军长:"撤退是对军队来说最困难的任务之一,必须精于此道。如果不是这样,那结果简直不堪设想,因此决不能失败。"他最后说:"整个装甲集团军必须全部撤过第聂伯河,不能丢下一个人,一件武器。"[22]

霍特的好运气也就此到头了。到1943年11月,损兵折将的第4装甲集团军已无力在苏军的攻势下扼守基辅。苏军不仅有数量优势,在战术运用上也越发成熟,这次他们没有再犯轻兵深入的错误。[23]虽然在此前的18个月中(他在1941年指挥第3装甲集群进攻的那段时间不计入内)霍特指挥第4装甲集团军可谓殚精竭虑,虽然9月15日获得宝剑橡叶骑士十字勋章,但希特勒仍因基辅失守而撤掉了霍特的职务。[24]1945年4月,霍特才应召重新进入现役,奉命组织哈茨山脉地区的防御。[25]1945年5月战争结束时,霍特向美军投降。[26]

霍特和另外13名德国将领于1947年12月到1948年10月在纽伦堡国际军事法庭接受审判。审判中起诉了霍特在1941年11月下达的命令,已经超出了希特勒发动侵苏战争的必要范畴。这样的命令是让军队承担意识形态的任务,并且鼓励对苏联平民的暴行。[27]起诉中也强调德国将领对战争的追捧,霍特在1939年11月23日同希特勒以及德军领导人的会谈中吐露了自己的想法。[28]会谈纪要表明霍特同意希特勒的看法:

是否有必要展开(1940年,对卢森堡、比利时和荷兰)攻击?从历史上看重大的转折只能用武力达成……为什么不是和平?这是自然法则。自卫……元首已经决心做出一个重大决定——去战斗……现在正是难得的最佳时机。如果不抓住这个机会简直就是犯罪。[29]

　　虽然对霍特的指控有理有据，不过他为自己的辩护也是振振有词。[30] 这位将军辩护的依据是，命令本身不能作为指控犯罪的证据，因为这是在战局瞬息万变的时期下发的。[31] 尽管这个态度很难为1941年11月17日霍特下发的命令辩护，不过霍特还是谨慎地提到，这份非必须执行的命令中，他不过是在为德国入侵苏联的战争在历史和种族方面进行辩护。毫无疑问的是，霍特的这份命令是鼓励士兵肃清共产党员和犹太人，因此在战后的审判中他不得不为自己露骨的措辞找到合理的解释。[32]

　　首先，他宣称这份命令并未大范围传达，他只是想敦促官兵警惕乌克兰的游击队，"德国士兵，由于其种族的优越……很容易忘记自己仍然身处敌国"。他声称只是想提醒部下"摧毁布尔什维克政权"的必要性，特别是考虑到"红军士兵对我军战俘施加的残酷报复以及……普通平民犯下的暴行"[33]。

　　其次，霍特声称他既不是反犹主义者，也不是"犹太人之友"，他的命令只是对"俄罗斯犹太人氛围"的准确描述。20世纪20年代，犹太人"在德国的经济、文学、媒体、艺术和某些专业领域所造成的影响在国内引发了强烈的不安"。这造成纳粹政权对犹太人错误地采取"高压政策"，因此1941年德国军队不得不面对俄罗斯犹太人的敌意。霍特接下来虚伪地声称自己下达的命令并无意对犹太人造成肉体伤害，而战斗中他的部下"双手都是干净的"。[34] 霍特声称自己对屠杀犹太人一无所知，而他认为许多犹太人被杀通常是因为他们参与了游击战争，"在俄罗斯有一种普遍态度，认为在破坏分子、间谍等人群中的大部分往往是犹太人"[35]。

　　霍特还得为自己传达政治委员令辩护，该命令要求直接处决红军政委。他辩称自己是违心下达这一命令的，否则他就有可能被其他人顶替，继任者在希特勒的严密监视之下肯定也会执行该命令。霍特声称自己反对政治委员令，虽然他认为政治委员是"嗜血的野兽"，霍特反对要求让部下"严格遵守"这一命令。他用带有某些诡辩色彩的措辞说："直到今天我认为他（希特勒）的初衷还是保护军队免遭政委的荼毒，我不认为他有任何犯罪的念头"[36]。

　　为报复人质的罪行辩护时，霍特声称只有那些证据确凿的游击队员才会被处决。他进一步宣称游击战争"是正规战争的毒瘤"，游击战争并非是由于德军的暴行而出现的，而是根据斯大林残酷的扩大战争的命令而出现的。[37] 另外，霍特还不得不面对德军虐待苏军战俘的质询。他辩称，相比之下苏军战俘还是得到了人道的待遇，而且不会对其有什么侮辱性的称呼（不像德国战俘被称为"德寇"）。霍特说德军士兵对苏军战俘会用比较友好的昵称"伊万"称呼，这证明"我军士兵和苏军战俘之间维持着一种家人式的关系"[38]。最后，霍特的代理律师提交了至少92份证明书，证明他本质纯良。[39] 但尽管如此，霍特最终仍被判决犯有战争罪和反人类罪，判处15年徒刑，在兰茨贝格监狱服刑，而这里恰恰是1924年关押希特勒的地方。[40]

霍特此后在监狱服刑，但1954年被提前释放时仍坚信自己无罪。[41] 霍特在戈斯拉尔（Goslar）度过余生，他在这里不时去附近的哈茨山脉散步，同时偶尔写写有关第二次世界大战期间德军行动的文字。[39] 除了本书之外，霍特还写了许多军事科学方面的文章。[42] 从20世纪60年代开始，霍特开始反对原德军军官将他们撰写的军事历史文章转交给年轻的德国历史学家。[43] 这些历史学家利用许多第一手材料进行研究，开始强调德国在战争中的罪责。特别是霍特认为，这些历史学家将苏德战争描绘成历史上最为野蛮、残酷的灭绝性战争[44]，霍特觉得原德军军官更有资格描述这场战争。他希望军事历史学界不要总把研究重点放在德国的战败上，而是应该保护德国武装力量的英雄形象。[45] 霍特希望史学家更多描绘德国军队的指挥艺术，特别是为子孙后代的利益：

年轻的德国人面临加入武装力量，成为一名候补军官的抉择时，并不总是基于物质考虑而却步。真正让他们打退堂鼓的是，他们感觉到自己所投身的职业已经不再像过去那样，走在大街上总能吸引公众尊敬的目光。[46]

为避免这种情况，霍特认为原德军军官应该继续笔耕不辍，出版著作。他也不断和许多记者、军事历史学者以及原德军军官通信或谈话，为的就是维护德国军队的声誉，特别是维护他的老上级曼施坦因元帅在斯大林格勒战役大败过程中的名誉。[47]

1971年，赫尔曼·霍特在戈斯拉尔去世。

注释

1. 参考文献：约翰尼斯·许尔特，Hitlers Heerfuhrer：Die deutschen Oberbefehlshaber im Krieg gegen die Sowjetunion 1941/42,Munich：Oldenbourg,2007,p.635.

2. 参考文献：马塞尔·施泰因，Field Marshal von Manstein，A Portrait:The Janus Head,Solihull,England:Helion,2007,p.309.

3. 参考文献：伯努瓦·勒梅，Erich von Manstein: Hitler's Master Strategist, trans. Pierce Heyward, Havertown, PA: Casemate, 2010, p. 262.

4. 参考文献：曼弗雷德·奥尔登堡，Ideologie und Militärisches Kalkül: Die Besatzungspolitik der Wehrmacht in der Sowjetunion 1942, Cologne: Böhlau Verlag, 2004, p. 309.

5. 参考文献：曼弗雷德·奥尔登堡，Ideologie und Militärisches Kalkül: Die Besatzungspolitik der Wehrmacht in der Sowjetunion 1942, Cologne: Böhlau Verlag, 2004, pp. 311‑2.

6. 参考文献：Antony Beevor, Stalingrad, London: Penguin, 1999, p. 75.

7. 参考文献：J.F.C. Fuller, A Military History of the World, Vol. III: From the Seven Days Battle, 1862, to the Battle of Leyte Gulf, 1944, New York: Funk & Wagnalls, 1954, p. 522.

8. 参考文献：格兰茨，When Titans Clashed: How the Red Army Stopped Hitler, Lawrence, KS: University Press of Kansas, 1995, p. 119; 巴兹尔·H. 利德·哈特，The German Generals Talk, New York: Morrow, 1948, pp. 204‑5.

9. 参考文献：Joel Hayward, Stopped at Stalingrad: The Luftwaffe and Hitler's Defeat in the East, 1942‑1943, Lawrence, KS: University Press of Kansas, 1998, p. 156.

10. 参考文献：利德·哈特，The German Generals Talk, pp. 204‑5.

11. 参考文献：皮特·安蒂拉，Stalingrad 1942, Oxford: Osprey, 2007, pp. 44‑51, 55.

12. 参考文献：皮特·安蒂拉，Stalingrad 1942, Oxford: Osprey, 2007, pp. 44‑51, 55, pp. 73‑5; 芒戈·梅尔文，曼施泰因: Hitler's Greatest General, London: Weidenfeld & Nicolson, 2010, p. 285; 勒梅，埃里希·冯·曼施泰因，第301页。

13. 参考文献：梅尔文，曼施泰因，第311、第327页；勒梅，埃里希·冯·曼施泰因，第301—302页，第308、第318页。

14. 参考文献：梅尔文，曼施泰因，第330页；勒梅，埃里希·冯·曼施泰因，第349页；罗伯特·M. 奇蒂诺，The Wehrmacht Retreats: Fighting a Lost War, 1943, Lawrence, KS: University Press of Kansas, 2012, p. 66.

15. 参考文献：赫尔曼·霍特，1943年3月1日给冯·曼施坦因的报告，梅尔文引用，曼施泰因，第342页。

16. 参考文献：奇蒂诺，The Wehrmacht Retreats, pp. 130‑1.

17. 参考文献：奇蒂诺，The Wehrmacht Retreats, pp. 130‑1, pp. 133‑6.

18. 赫尔曼·霍特，1943年7月给冯·曼施坦因的报告，梅尔文引用，曼施泰因， p. 368.

19. 参考文献：梅尔文，曼施泰因， pp. 375‑6, 380.

20. 参考文献：奇蒂诺，The Wehrmacht Retreats, p. 202; 勒梅，埃里希·冯·曼施泰因，第373—374页。

21. 参考文献：奇蒂诺，The Wehrmacht Retreats, pp. 229‑30；梅尔文，曼施泰因，p. 397.

22. 赫尔曼·霍特1943年9月18日给下属各军军长电声明，梅尔文引用，曼施泰因，p. 397.

23. 参考文献：梅尔文，曼施泰因，第401—403页。

24. 参考文献：梅尔文，曼施泰因，第401—403页，第212页，第404页；弗朗茨·库罗夫斯基，Panzer Aces III: German Tank Commanders in Combat in World War II, trans. David Johnston, Mechanicsburg, PA: Stackpole, 2010, p. 153.

25. 参考文献：库罗夫斯基，Panzer Aces III, p. 153; Charles Winchester, Hitler's War on Russia, Oxford: Osprey, 2007, p. 170.

26. 参考文献：萨缪尔·W. 米查姆，Triumphant Fox: Erwin Rommel and the Rise of the Afrika Korps, Mechanicsburg, PA: Stackpole, 2009.

27. 参考文献：Valerie Geneviève 埃贝尔，Hitler's Generals on Trial: The Last War Crimes Tribunal at Nuremberg, Lawrence, KS: University Press of Kansas, 2010, p. 94.

28. 参考文献：Valerie Geneviève 埃贝尔，Hitler's Generals on Trial: The Last War Crimes Tribunal at Nuremberg, Lawrence, KS: University Press of Kansas, 2010, p. 94.

29. 参考文献：赫尔曼·霍特，notes, 23 November 1939, 引自埃贝尔，Hitler's Generals on Trial, p. 77.

30. 参考文献：埃贝尔，Hitler's Generals on Trial, p. 114.

31. 参考文献：埃贝尔，Hitler's Generals on Trial, p. 114. p. 108.

32. 参考文献：勒梅，埃里希·冯·曼施泰因，第259页。

33. 赫尔曼·霍特，1948年庭审记录，埃贝尔引用，Hitler's Generals on Trial, p. 121.

34. 参考文献：赫尔曼·霍特，1948年庭审记录，埃贝尔引用，Hitler's Generals on Trial, p. 121.

35. 赫尔曼·霍特，1948年庭审记录，埃贝尔引用，Hitler's Generals on Trial, p. 122.

36. 参考文献：赫尔曼·霍特，1948年庭审记录，埃贝尔引用，Hitler's Generals on Trial, p. 116. 值得注意的是没有什么证件证明在1941年年底到1942年年初，也就是霍特担任第17集团军司令期间，该部曾经执行了政治委员令。这表明他可能既不反对政治委员令，也没有对政治委员有什么同情。另外，德国军队主要还是关注军事和安全问题，而不是意识形态（Robert B. Bernheim, The Commissar Order and the Seventeenth German Army: From Genesis to Implementation, 30 March 1941‑31 January 1942, PhD thesis, Montreal: McGill University, 2004, p. 461.

37. 赫尔曼·霍特，1948年庭审记录，埃贝尔引用，Hitler's Generals on Trial, p. 117.

38. 赫尔曼·霍特，1948年庭审记录，埃贝尔引用，Hitler's Generals on Trial, p.123.

39. 参考文献：埃贝尔，Hitler's Generals on Trial, pp.113‑4.

40. 参考文献：埃贝尔，Hitler's Generals on Trial, p.151；；Samuel W. Mitcham, Blitzkrieg No Longer: The German Wehrmacht in Battle, 1943, Barnsley, South Yorkshire: Pen & Sword, 2010, p. 295.

41. 参考文献：埃贝尔，Hitler's Generals on Trial, pp. 192‑3.

42. 参考文献：埃贝尔，Hitler's Generals on Trial, pp.193‑4.

43. 赫尔曼·霍特曾撰写文章：Buchbesprechung zu Jacobsen, "Fall Gelb", Wehrkunde,

vol. 7 （1958）, no. 2, pp. 118‐9; 'Mansteins Operationsplan für den Westfeldzug 1940 und die Aufmarschanweisung des O.K.H. vom 27. Februar 1940', Wehrkunde, vol. 7 （1958）, no. 3, pp. 127‐30; 'Das Schicksal der französischen Panzerwaffe im 1. Teil des Westfeldzugs 1940', Wehrkunde, vol. 7 （1958）, no. 7, pp. 367‐77; 'Zu "Mansteins Operationsplan für den Westfeldzug 1940 und die Aufmarschanweisung des O.K.H. vom 27. 2. 40"', Wehrkunde, vol. 7 （1958）, no. 8, p. 459; 'Der Kampf von PanzerDivisionen in Kampfgruppen in Beispielen der Kriegsgeschichte', Wehrkunde, vol. 8 （1959）, no. 11, pp. 576‐84; and 'Die Verwendung von Panzern in der Verteidigung und die Neugliederung der deutschen NATO—Divisionen 1959', Wehrkunde, vol. 8 （1959）, no. 12.

44．参考文献：奥利弗·冯·弗洛舍姆, Erich von Manstein: Vernichtungskrieg und Geschichtspolitik, 2nd edition, Paderborn: Ferdinand Schöningh, 2009, p. 287.

45．参考文献：奥利弗·冯·弗洛舍姆, Erich von Manstein: Vernichtungskrieg und Geschichtspolitik, 2nd edition, Paderborn: Ferdinand Schöningh, 2009, pp. 288‐9. including n. 29. Examples of such historians and their works: Hans−Adolf Jacobsen, Fall Gelb: Der Kampf um den deutschen Operationsplan zur Westoffensive, Wiesbaden, 1957; Martin Broszat, Nationalsozialistische Polenpolitik 1939‐1945, Stuttgart, 1961; Ernst Nolte, Der Faschismus in seiner Epoche: Die action francaise, der italienische Faschismus, der Nationalsozialismus, Munich, 1963; Helmut Krausnick, 'Hitler und die Morde in Polen', Vierteljahreshefte für Zeitgeschichte, 1卷1 （1963）, pp. 196‐210; Andreas Hillgruber, Hitlers Strategie: Politik und Kriegsführung 1940‐1941, Munich, 1965.

46．参考文献：弗洛舍姆，埃里希·冯·曼施泰因，第288页。

47．参考文献：赫尔曼·霍特, c. 1960,引自弗洛舍姆，埃里希·冯·曼施泰因，第288页，第27行。

48．参考文献：弗洛舍姆，埃里希·冯·曼施泰因, p. 304.比如说，霍特曾经和保罗·卡雷尔（Paul Carell, 或称之为党卫军中校保罗·卡尔·施密特（Paul Karl Schmidt））通信，鼓励后者在有关斯大林格勒的书籍中给曼施坦因树立正面形象（第306页）。

附录1A

第3装甲集群
作战处 No. 25/41
绝密/参谋长

集群司令部
1941年3月12日

"巴巴罗萨"行动部署令

1. 总体目标

由于苏联转变了对德国的政策，需要针对苏联采取先发制人的预防措施，在苏联军队撤退到俄罗斯腹地以前，彻底击溃其武装部队。

实施战役时，应该利用在波兰战役期间获得的经验。苏联空军给德国陆军造成的麻烦将会比以往战斗的都大，我军必须做好敌人会使用化学武器，甚至是空投化学武器的准备，这有可能促使我军迅速采用应对办法。

然而，全体官兵都需要明确战役进程中的首要原则：迅速而冷酷！要通过对兵器的决定性使用和不停顿地追击，维持整个战线的攻势。因此要尽可能把坦克、重型火炮和中型武器布置到前沿，唯有如此才能打乱苏军的阵脚，歼灭留在第聂伯河—西德维纳河一线以西的敌军。[1]

2. 敌军阵地

根据苏军当前的部署，判断他们很可能打算在第聂伯河和西德维纳河以西展开战斗，而绝不是把最强的兵力部署在新老国境线少数得到加固的野战工事中，同时依托有利于防守的各种水际障碍……

3. 中央集团军群应该于B日[2] Y时发起攻击，在布列斯特—利托夫斯克和

---

① 见附录2，第3装甲集群行动指导命令。
② "巴巴罗萨"行动日。

罗明滕纳森林（Rominter Heide）之间，以第4集团军为右翼，第9集团军为左翼。集团军群在进入苏联境内之后，应向明斯克南北两个方向进攻（以第2装甲集群和第3装甲集群为两翼），向斯摩棱斯克周围及其以北进攻，并且歼灭白俄罗斯苏军，为接下来向东或向东北方向进攻创造条件。

应以第9集团军为主力在格罗德罗附近展开突击，以一部沿着第3装甲集群在利达和维尔纽斯方向推进。

第2装甲集群位于第4集团军作战地域，应在第4集团军左翼从布列斯特—利托夫斯克经由巴拉诺维奇向明斯克进攻。

北方集团军应以第16集团军南翼（第2军第32步兵师）向考纳斯进攻，并以第4装甲集群向陶格夫匹尔斯进攻。

4. 第3装甲集群隶属第9集团军，在改变进攻方向之前位于集团军群左翼，该部应突破涅曼河以西的苏军，向梅尔基涅河、阿里图斯河以及普列奈河进攻，并且夺取渡口。装甲集群无须等后续部队跟进，迅速在维尔纽斯附近对敌人实施进攻，孤立该敌和明斯克的联系。装甲集群的目标是从北翼包抄明斯克附近的敌人，沿着莫洛杰奇诺—纳尔奇湖，然后准备向东边的鲍里索夫方向进攻。第3装甲集群尔后应在从西南方向推进的第2装甲集群的配合下，歼灭明斯克附近之敌，或继续在维捷布斯克总方向及其以北进攻，向西德维纳河上游展开包围行动……

5. 命令

a. 第57装甲军应该在波莫瑞（Pomorze）湖和盖拉杜什（Galadus）湖之间，以1个装甲师和1个摩托化步兵师先导展开进攻，指向涅曼河的德鲁斯基宁凯（Druskieniki）—梅尔基涅、强渡梅尔基涅河，并且向北推进，经过鲁斯卡湖、特伦托，向利达—维尔纽斯公路进攻，无须等待从阿里图斯向维尔纽斯进攻的第39装甲军。从而接下来打通向别列津纳—瑟伊里亚伊公路的道路，第5军应得到一个炮兵步兵团的加强，并归属第57装甲军调遣。

第57装甲军应该夺取并通过梅尔基涅河上的16吨大桥，然后将其移交给第5军。而后，在掩护利达方向的侧翼安全的同时，第57装甲军应占领奥什米亚内及其以南地区，保证明斯克—维尔纽斯公路为我军掌握。有必要以一个装甲师转向维尔纽斯方向推进，支援第39装甲军。

第57装甲军应占领瓦洛任和莫洛杰奇诺之间地域，并且向鲍里索夫进攻。尔后与第2装甲集群联系，或配合第39装甲军，在斯莫尔贡及其以南地区渡过内内里斯河，切断敌军向多克西泽撤退的退路。

根据格罗德罗附近的战况发展，第18摩托化步兵师主力应该跟随第57装甲军南翼，通过苏瓦乌基—奥古斯图夫—格罗德诺，或向苏瓦乌基—梅尔基涅发展。

b. 第5军（欠1个团）突破敌军前沿的警戒部队进入拉兹迪亚伊，并且在涅马纳伊齐（Nemunaitis）及其以南越过涅曼河。该军要在战斗中为第57装甲军提供支援，沿狭小的瑟伊里亚伊地区进攻，肃清并保卫拉兹迪亚伊—瑟伊里亚伊—阿里图斯公路，保证后续部队通过。

击溃敌军初期的抵抗之后以强大分队进攻，并在涅曼河东岸夺取一个立足点，以便后续部队渡河，并侦察东岸敌情。

应该适时架设一座承载能力8吨的桥梁。

第57装甲军渡河之后，梅尔基涅的16吨桥可以供第5军使用。

c. 第39装甲军，以2个装甲师为先锋，迅速击溃苏瓦乌基—卡尔瓦里亚公路两侧抵抗的苏军，尔后向祖维尼塔斯（Zuvintas）湖以南直指阿里图斯，并强渡涅曼河。应该夺取阿里图斯河上的16吨军用桥梁和16吨桥梁。一旦装甲部队准备就绪东渡涅曼河，就从南和西两个方向维尔纽斯进攻，并压迫苏军向涅利斯河退却。该军应以后续跟进的摩托化步兵掩护考纳斯方向，接下来向内内里斯河北岸进击，以夺取考纳斯方向的有利地形。在击退维尔纽斯之敌的反击之后，装甲师不应追击敌人，而是渡过内内里斯河向科贝立尼基方向进攻。摩托化步兵师应该肃清维尔纽斯，并且在左翼紧跟进攻部队。

接下来，该军应该经由多尔西诺夫（Dolhinov）和多克希齐攻击明斯克附近之敌的后方，或者经由格卢博科耶包围波洛茨克。

d. 左翼梯队的第6军在谢维祖普卡（Szeszupka）和维什蒂蒂斯湖（Vistytis）之间实施突破，向普列奈进攻，强渡涅曼河，并且保障第14和第20摩托化步兵师的推进。

该军应快速推进夺取卡尔瓦里亚以北地区并肃清东北部森林地带，掩护第39装甲军左翼。

一旦战术态势允许，应以强大分队进攻，并在涅曼河东岸夺取一个立足点，保证后续部队渡河并侦察东岸敌情。

在普列奈架设8吨桥梁并保证第14和第20摩托化步兵师渡河。

e. 在渡过涅曼河之后，第3装甲集群应归属第9集团军指挥，而第9集团军继续指挥第5军和第6军。为此，第9集团军命令"在接下来的作战中，第6军应向维尔纽斯及其以北地区进攻，第5军应同时向特伦托以及沃罗诺沃方向进攻（打通和第8军的联系），并考虑向维尔纽斯及其以南方向（打通和第6军的联系）进攻"。

第6—17条略。

附录1B

第3装甲集群
作战处 No. 205/41

绝密/参谋长
1941年6月16日

关于突破国境线的集群命令

1.敌情

国境线部署了敌人的边防分队,其主力部署在涅曼河与国境之间的湖泊地域,尚未在涅曼河方向发现敌人有系统、连贯的防线。

2.第3装甲集群应在梅尔基涅河、阿里图斯河和普列奈河方向上向涅曼河进攻,同时夺取河上渡口。1941年6月23日凌晨3时30分,应在夜间进入阵地,装甲集群应准备越过国境。

3.第57装甲军应以第18摩托化步兵师一部向别列津纳—卡普恰梅斯蒂斯(Kapciamiestis)公路及其以南推进,通过莱伊帕林吉斯(Leipalingis)向梅尔基涅进攻。第12装甲师应向扎普西斯(Zapsys)湖两侧进攻,并且掩护拉兹迪亚伊方向。此后迅速攻击并回复别列津纳—瑟伊里亚伊公路,为此应加强从第5军调到第57装甲军的第109步兵团。

在肃清通往莱伊帕林吉斯的公路之后,装甲军应迅速在梅尔基涅附近渡过涅曼河,在B日夺取梅尔基涅大桥,应立即着手架设承载能力16吨的桥梁。

勃兰登堡教导团一部应隶属装甲军指挥。

4.第5军(欠1个加强团)应在杜希亚(Dusia)湖两侧向涅马纳伊齐方向攻击,以便支援第57和第41装甲军的进攻。第5军而后应迅速通过拉兹迪亚伊,避免苏军攻击第57装甲军北翼,同时肃清并修复拉兹迪亚伊—瑟伊里亚伊公路,以便后续摩托化步兵师使用。

在击破苏军最初的抵抗之后，应以强大分队在涅曼河东岸夺取一个立足点，以便后续部队渡河和侦察东岸。

应该架设承载能力6吨的桥梁。在第57装甲军渡河之后，将在梅尔基涅的16吨桥梁移交给第5军。

5.第39装甲军应用各种手段突破苏军在苏瓦乌基—卡尔瓦里亚公路及其以北地区的抵抗，然后转兵向东渡过瑟苏佩（Sesupe）河，并且通过锡姆纳斯（Simnas）向阿里图斯进攻。装甲军应在第5军抵达之后移交卡尔瓦里亚。应当架设一座承载能力8吨双车道的桥梁，为后续部队使用。第20摩托化步兵师一部应通过莫克卡瓦（Mockava）进攻，为装甲师打开向瑟苏佩进攻的道路。第3装甲集群司令部应下定决心，是通过拉兹迪亚伊还是瑟伊里亚伊进攻，从而为向狭窄的克罗斯纳—锡姆纳斯地区进攻做好准备。

在到达涅曼河畔的阿里图斯时，我军应在各个桥梁所在地点渡河，抓住机会完整地夺取桥梁。

第20摩托化步兵师主力开始应担任预备队，第14摩托化步兵师应根据第3装甲集群的命令再投入战斗。

第1扫雷营营部及其第2连应直属装甲军指挥。

6.第6军应向普列奈推进，强渡涅曼河，在普列奈—比尔斯托纳斯（Birstonas）公路沿线架设一座8吨桥梁，保证第39装甲军摩托化步兵师渡河。

为此第6军作为左翼梯队，应以强大的右翼兵力向瑟苏佩以北进攻，以便支援第39装甲军的进攻。第6军应向卡尔瓦里亚以北高地快速推进，掩护第39装甲军左翼，夺取在利德维纳瓦斯（Liudvinavas）和马里亚姆波尔（Mariampol）的瑟苏佩河上的渡口，肃清并确保卡尔瓦里亚—马里亚姆波尔公路。

在战术条件允许的情况下，应以强大分队在涅曼河东岸夺取一个立足点，以便后续部队渡河和侦察东岸。

命令装甲集群在普列奈附近架设8吨桥梁，保证第14和第20摩托化步兵师渡河。

第7—13条略。

附录2

第3装甲集群执行战役行动的指令

第一部分：总命令

1.敌情

苏军将以相当兵力保卫其刚刚吞并的领土，并维持波罗的海和黑海之间的交通，虽然在西部各军区集结了大量兵力，但是苏军的交通线状况很糟糕。因此苏军很可能在边境、涅曼河及其以东地区进行抵抗，但苏军必然会竭尽全力保持第聂伯河—西德维纳河一线以西，以防御和反击来阻止我军进攻。

苏军如果这样部署，将符合我军的意图。然而应该预料到，敌军在初期遭受挫败之后，很可能为延缓我军的进攻，从涅曼河向第聂伯河以及西德维纳河一线撤退，全力避免陷入损失惨重的战斗。而苏军除了部分撤退外，也会以强大的机械化部队向我军两翼反击以求解围。苏军这样的防御和反击战术符合其民族特点历史以及地理态势，还有以其广袤领土为基础的价值观。

2.装甲集群应采取行动阻止敌军将主力向第聂伯河—西德维纳河撤退，装甲军必须克服一切困难击破苏军后卫部队的抵抗，并率先抵达该线。在西德维纳河以西对敌军的攻击不能仅以击破当面之敌为目标，还要尽一切可能抵达西德维纳河。装甲集群应该分割、包抄或迂回，而不是正面打击涅里斯河以西之敌，歼灭该敌的任务由后续的第9集团军负责。集团军群必须保持迂回敌军的行动，同时在夜间也继续前进，不顾侧翼和后方的威胁。反复打击苏军后卫部队是徒劳的，我们必须切断苏军主力向西德维纳河撤退的路线。第3

装甲集群全体官兵都必须记住，一切行动都为一个目标：渡过涅曼河，突破至西德维纳河。

......

第二部分略。

第三部分：国境进攻阶段的部队编制

5. 所有手段应以保证装甲师在攻击的第一天就抵达涅曼河为目的，在夜间渡河并开始着手架桥。如果敌军有时间连夜通过涅曼河增调援兵，那么第二天再渡河就很可能造成重大伤亡。

6. 部队的编制和进攻的手段取决于我军对敌方领土和边境部队部署的情报。如果情况明朗化，应根据相应的条件继续调整进攻准备。在部队集结之前应下达进攻命令。

7. 各装甲师的准备工作如下：

a. 各师应进入预定集结地域准备进攻，避免在进攻开始后调整队形。

b. 为迅速击溃敌军最初的抵抗并且保证步兵向涅曼河及其以东突破，坦克队应尽可能集中向深远突击，并且应得到炮兵和坦克歼击车的支援。

c. 跟随在坦克部队后边的应为机动部队（摩托化步兵和装甲汽车）以及工兵，派出中型火炮（榴弹炮）伴随其推进。

d. 在无法使用坦克的地形（也就是第57装甲军经过的地区），应首先以步兵伴随中型火炮和工兵清除障碍物。如果必要，突击部队应分割包围苏军独立支撑点和障碍物。对机动部队最重要的就是保持迅速推进。

e. 在肃清障碍之后，摩托化步兵在重武器、炮兵以及工兵的伴随下，应使用所有可以通行的道路向涅曼河进攻，充分利用装甲部队打开的突破口。在主力渡河之前，配备有炮兵和工兵的侦察分队应首先搭乘装甲汽车或摩托车前进，以便侦察渡口。

f. 应保持预备队如下：

· 无需参加最初进攻的步兵营

· 奉命在涅曼河架桥的工兵和舟桥分队

· 侦察营和坦克歼击车主力

·应该尽可能避免在不利地形下使用坦克团

·保障车辆

g.应该在必要时通知工兵以及架桥部队移除障碍、修复道路和架设桥梁。

h.第18摩托化步兵师的1个加强摩托化步兵团应配属给第12装甲师先头部队，作为第57装甲军先头部队的一部分向涅曼河进击。

i.因此，尖兵应该率先突破国境，其后跟随先头部队；第二梯队必须跟进保持强大的战斗力（坦克和中型火炮）。

8.车辆

a.见集团军群分配给作战车辆的特别命令以及给后方车辆的任务。

b.后勤警戒部队、后勤分队以及其他车辆应保持在后方地域，跟随第二梯队战斗部队前进。

c.部队必须做好在攻击的最初几天没有野战厨房的情况下前进的准备。

d.燃料和滑油保障分队应该按计划分配给行军纵队，保证能够立即补充燃料。第5军和第6军也应该给下属部队发布相应命令。

第四部分略。

第五部分：经过涅曼河以西湖泊地域突破

9.装甲师突破边境地域的目标不仅仅是肃清涅曼河西岸之敌，同时还要夺取、确保并修复道路，供后勤部队沿公路向河岸推进。

第5和第6军应协助第3装甲集群，攻击并歼灭各自作战地域内的敌人。

10.敌军很可能控制了主要道路并在纵深设置障碍，因此不能仅沿道路展开首轮攻击。我军应绕到敌军后方，切断其东撤道路，并且开始着手修复受损道路。在打通东进的道路之后，装备重武器的部队应该继续步行前进，工兵修复供车辆通行的道路。在最初一段时间，先头部队应该做好携带重武器长距离步行行军的准备。一旦道路条件允许且敌军活动较少，摩托化部队应从后方超越前进。

11.应以小规模分队突袭苏军边防哨所、边防分队以及渡口，赶在苏军发出警报并炸毁民用设施之前夺取目标。这种行动要求机敏、迅速、大胆而无情，且要注意拆除敌军布置的炸药。

12.一旦道路条件允许，摩托化部队就应集中向涅曼河推进。在此过程中，重型武器和中型火炮都应该向纵深布置。非作战必须车辆（运输燃料、装备的卡车，野战厨房车和通讯车）应保持在后方。

13.一旦道路畅通，师第二梯队需要在涅曼河架桥的舟桥分队，以及跟随的车辆均应从隐蔽位置直接前进，避免短途跃进。

14.我军距离涅曼河越近，就越应该不顾侧翼威胁坚决地展开攻击，抢在敌军组织抵抗之前抵达并渡过涅曼河。如果可能的话，应完整地夺取涅曼河上的桥梁，这是后续行动成功与否的关键所在。

15.在攻击开始时，军部应减轻前沿各师在集结地域的交通通行限制，以便师级军官能集中精力指挥军队，保证向涅曼河的道路畅通。应该及时占领涅曼河对岸的出发阵地，以避免在接近涅曼河的道路上造成车辆积压。

16.所有车辆在突破国境时均应加满燃料。

附录3

第3装甲集群
作战处

集群指挥所
1941年7月3日

1941年7月4—5日 集群第10号命令

1.敌情：见附录第10号情报报告

2.1941年7月3日，第4集团军司令部改编为第4装甲集团军司令部，奉命指挥第2和第3装甲集群。

第2装甲集群应在罗加乔夫—奥尔沙地域强渡第聂伯河，集中主力沿明斯克—莫斯科高速公路进攻，进至叶利尼亚高地以南到亚尔采沃以东一线。

第9集团军司令部应将阻击线延伸到拉科夫（Rakov）。第23军以右翼的第206步兵师跟随第57装甲军，通过维尔纽斯、涅马纳伊琴和波德罗杰（Podbrodzie）。第900摩托化教导旅应于7月4日抵达明斯克。

3.第3装甲集群就能在西德维纳河突破维捷布斯克—季斯纳地域，然后在第2装甲集群的配合下，在斯摩棱斯克—维捷布斯克地域击破敌军抵抗，抵达别列什涅沃—韦利日—涅韦尔一线。

4.命令

a.利用第57装甲军的进攻，第39装甲军应该在维捷布斯克—乌拉地域突破西德维纳河，尔后不停地向别列什涅沃—韦利日一线推进，并警戒侧翼被包围在多布罗米尔森林地带中的敌军，保持和第2装甲集群（第47装甲军）的接触。

b.第57装甲军应该在季斯纳渡过西德维纳河，并且继续以南翼部队经由戈罗多克向韦利日—涅韦尔一线进攻，以便解放第39装甲军，令其向维捷布斯克前进。应该在北翼展开侦察，以便第57装甲军派遣主力经由大卢基向西德维纳河上游北进。其余部队应经乌斯维雅特（Usvyaty）和克列斯季（Kresty）推进。

c.哈佩集群（第12装甲师和第14摩托化步兵师）应配合第9集团军和第2装甲集群切断明斯克以东敌军撤退的道路。第9集团军所有能够动用的部队应撤出封锁阵地，在东北方向集结。

......

11.指挥所：

第3装甲集群　　盖德谢维切（Giedziewicze）以南1公里（多尔西诺夫东南14公里）

第39装甲军　　多克西泽以东7公里，位于多克西泽—列佩利公路附近

第57装甲军　　格卢博科耶

第10号情报报告

1. 分布在维捷布斯克—季斯纳—纳尔奇湖—鲍里索夫地域的小股苏军和部队，仅仅炸毁了我军前进道路上的少数桥梁。

苏军从奥尔沙撤退到斯摩棱斯克是为保卫莫斯科？我军在西德维纳河下游陶格夫匹尔斯渡河夺取初步胜利阶段，只有少数敌军在奥尔沙—维捷布斯克—季斯纳地区活动。这表明苏军即来不及也缺乏兵力，不会固守维捷布斯克—季斯纳。苏军很可能只会在桥头堡阵地或渡口依托防御工事，进行有限的抵抗。

除了德列通（Dretun，波洛茨克东北30公里）附近两座没有被占领的机场和维捷布斯克、波洛茨克和戈罗多克的高射炮，在西德维纳河东北上至苏拉日（Surazh，维捷布斯克东北45公里）和涅韦尔地区未发现敌军其他迹象。

2. 我军在比亚韦斯托克包围圈捕获16万战俘并缴获了大量物资，而敌军付出的伤亡代价估计几倍于此。

新格鲁多克包围圈接近瓦解，在7月2日仅第12装甲师就抓获了3万名战俘。

3. 略。

附录4

1941年7月7日　霍特对战局的估计（节选）

从7月初开始，苏军出乎我们意料地成功在西德维纳河彼岸组织了新防线。苏军从俄罗斯腹地调来三四个新锐师和一个坦克师，7月4日第19装甲师在季斯纳突破该防线。苏军组织两个师猛烈反击，试图夺回桥头堡阵地，驱逐我军，而且在波洛茨克阻击了我军的攻势。其步兵第98和第174师继续对我军第19装甲师实施反击，显然苏军企图不惜代价守住波洛茨克。

第20装甲师在向西德维纳河的乌拉进攻的过程中，由于连续暴雨造成的泥泞几乎寸步难行。该师目前正在慢慢推进，准备于下午3时展开攻击。乌拉附近有强大苏军已经严阵以待，我军的攻击进展艰难。

第7装甲师出其不意地夺取了维捷布斯克，但是在别什科维奇遭到顽强抵抗，此后在多布洛瓦以北也遭到苏军阻击。很显然维捷布斯克以南苏军兵力很强，因此我军直到从北侧绕过去之后，才得以重新推进。与此同时，苏军以强大的兵力在先诺—多布洛瓦一线展开了全线猛攻。虽然苏军的攻击不足以令我军太过担忧，但是仍然牵制了我军兵力。

第12装甲师调到北翼的部署做得太晚了。

……（已经错过了）……包围向东撤退的敌军，并且向维捷布斯克以北到韦利日和乌斯维雅特派出强大兵力，已经肃清了这些道路的敌人并且保持其畅通。在鲁德尼亚和杰米多夫展开进攻很可能被苏军后卫部队所阻击，因此只派出少量部队设置阵地，第39装甲军应转向韦利日（第7装甲师）和乌斯维雅特（第20装甲师和第20摩托化步兵师）。自此之后第57装甲军所部能否及时抵达涅韦尔是关键一环，因为抵达之后他们可以从后方向正在从涅韦尔出发攻击格鲁多克的苏军乌克兰师发起攻击。

附录5

1941年7月5日　国防军指挥参谋部总长
阿尔弗雷德·约德尔大将给陆军总司令
瓦尔特·冯·布劳希奇元帅所做的电话简报

现在应该开始讨论接下来的战役该如何展开，特别是必须决定今后如何使用装甲集群。因为这个决定意义相当重大，有可能直接影响战争的结果。国防军指挥参谋部总长认为有必要和陆军总司令进行讨论，在决定今后的任务之前，应讨论元首的观点和目标：

1.北方集团军群是否有足够的兵力掩护其东翼，同时肃清俄罗斯西北部的敌人，是否有必要将第3装甲集群向东北方向调动？在渡过第聂伯河—西德维纳河一线之后，第3装甲集群是否有可能立即转向东北？鉴于此，侧翼兵力应该向东展开多远距离？

2.渡过第聂伯河之后，第4装甲集团军是否应该立即向南转向？其侧翼掩护问题如何解决？

（1946—1948年纽伦堡法庭审判档案，陆军总司令部，作战处，"巴巴罗萨"行动）

附录6

1941年7月22—26日期间
霍特给中央集团军群司令冯·博克元帅的信

尊敬的元帅!

首先请允许我对本人获得了橡叶十字勋章向您表达诚挚的谢意……这是我在您的指挥下所取得的殊荣。

不幸的是,过去几天时间里我军顿兵不前,而且迄今为止仍然没有显著地恢复。我军的车辆大大受制于糟糕的道路条件,在应对苏军不断地反击和突围行动的同时,工兵很难维护道路。然而,各师抓住时机进行修整,因此战斗力得以恢复。我唯一担心的是第14摩托化步兵师由于兵力损失,目前难以执行任何任务。

当前作战车辆的损失率大约为60%,如果我们有10天时间修整并得到零备件补充,应该能够恢复到编制数量的60%—70%。其他车辆的损失相对较少,大约是7%,而摩托车的损失更小。补充的军官和士兵逐渐进入编制,步兵师应该能够提供必需的兵力。当然,我们也需要大约10天的时间补充燃料。

……

附录7

1941年7月27日　霍特对战局的估计

高速公路以南的敌军阵地尚未被肃清，几个师当面的苏军实力都不强，我怀疑敌军可能已经没有足够兵力自东向西发起反击。只要敌人还保持机动能力，就有可能从多罗戈布日方向发起反击，装甲集群所部目前无法阻止拉奇诺以南的部分敌军渡过第聂伯河逃跑。

在通向别雷的高速公路及其以北，敌军通过最近几天的战斗，成功地构建了一条第聂伯河—伏尔加河防线。在这条防线之后，从亚尔采沃以北到沃皮河以西部分地区部署着苏军三四个西伯利亚师和其他师，别雷西南有苏军2个西伯利亚师和1个机械化师，而敌军在托罗佩茨附近的缺口集结了2个新组建的高加索骑兵师。

过去几天苏军在沃皮河前沿的攻势渐渐平息，且损失惨重。但苏军猛烈的炮兵火力仍然值得注意，苏军不仅仅重新整编或者调来了新的部队，而且也在反复攻击，特别是亚尔采沃附近。

可以判断苏军别雷集团的战斗力损失更多，因为其骑兵师是匆匆组建的且装备不足。

无从判断苏军的远期进攻目标以及未来增调的援兵。苏军的意图可能是延缓我军对尚未准备就绪的第聂伯河阵地的进攻，明显没有意识到我军机动兵团暂停行动的计划。

第3装甲集群的重点仍然是南线，准备在第聂伯河封闭包围圈，并且掩护包围圈阻击苏军的解围。其南翼部队扩展到公路并且面临苏军在沃皮河方向的攻击，由于我军兵力不敷使用，向别雷公路枢纽的进攻只能延后了。为此，集结的部队需要为东边的装甲集群提供支援。

附录8

1941年7月19日
国防军最高统帅部"第33号训令"

1.东线战役的第二阶段已经在全线突破斯大林防线之后告一段落，装甲集群应继续进攻，但仍然需要相当时间肃清中央集团军群各机动兵团之间的残敌。

南方集团军群北翼部队仍然在基辅要塞地区顿兵不前，而且苏军第5集团军仍在其后方。

2.下一步战役行动的目标为必须阻止苏军强大的部队向俄罗斯腹地撤退，并将其歼灭。为此应做如下准备：

a.东线南部战区

主要目标是歼灭仍然集结在第聂伯河以西的苏军第12和第6集团军……

中央集团军群南翼部队和南方集团军群北翼部队如果密切协同，应能迅速歼灭苏军第5集团军。同时中央集团军群步兵师应迂回向南，其他部队（主要是机动部队）完成现有任务之后，应确保其补给线，并掩护莫斯科方向，继续向东南方向进攻，切断第聂伯河彼岸之敌，使其无法向俄罗斯腹地撤退并将其歼灭。

b.东线中央战区

在肃清多个包围圈之敌并确保后勤补给线之后，中央集团军群应继续以步兵集团向莫斯科进攻，以机动部队切断莫斯科—列宁格勒一线，而不是沿着第聂伯河向东南进击，从而掩护北方集团军群在列宁格勒方向进攻部队的右翼。

c.东线北部战区

唯有第18集团军和第4装甲集群取得联系之后，及其东侧翼得到第16集团军掩护之后，才能重新开始向列宁格勒进攻。北方集团军群必须争取组织爱沙尼亚境内苏军向列宁格勒撤退……

第3—5条为有关空军、海军和欧洲西部战区内容（纽伦堡法庭审判档案，国防军指挥参谋部作战日志），略。

附录9

1941年6月23日 第3装甲集群及其上级司令部序列

番号、机构或办公室	司令
国防军最高统帅部	威廉·凯特尔元帅
国防军指挥参谋部	阿尔弗雷德·约德尔炮兵大将
陆军总司令部	瓦尔特·冯·布劳希奇元帅
陆军总参谋长	弗兰茨·哈尔德上将
军需总监	弗里德里希·保卢斯中将
总参谋部作战局	阿道夫·霍伊辛格（Adolf Heusinger）上校
中央集团军群	费多尔·冯·博克元帅
中央集团军群参谋长	汉斯·冯·格赖芬贝格（Hans von Greiffenberg）少将
第9集团军	阿道夫·施特劳斯上将
第3装甲集群	霍特大将（1941年10月8日以后担任第17集团军司令）
第3装甲集群参谋长	瓦尔特·冯·许纳斯多夫中将
第3装甲集群首席参谋	卡尔·瓦格拉少校
第39装甲军	鲁道夫·施密特装甲兵上将
第39装甲军参谋长	汉斯-格奥尔格·希尔德布兰特
第7装甲师	汉斯·冯·丰克少将
第20装甲师	霍斯特·施通普夫中将
第20摩托化步兵师	汉斯·佐恩少将
第14摩托化步兵师	弗里德里希·菲尔斯特
第57装甲军	阿道夫-弗里德里希·孔岑装甲兵上将
第57装甲军参谋长	弗里德里希·范果尔中将
第12装甲师	约瑟夫·哈佩少将

（续表）

番号、机构或办公室	司令
第 19 装甲师	奥托·冯·克诺贝尔斯多夫中将
第 17 步兵师	弗里德里希·赫尔莱因少将
第 5 军	里夏德·鲁奥夫步兵上将
第 5 军参谋长	阿图尔·施密特上校
第 5 步兵师	卡尔·阿尔门丁格尔少将
第 35 步兵师	瓦尔特·菲舍尔·冯·魏克施塔尔中将
第 6 军	奥托 - 威廉·弗尔斯特工兵上将
第 6 军参谋长	汉斯·德根中将
第 6 步兵师	黑格尔·奥列布中将
第 26 步兵师	瓦尔特·魏斯少将
以下兵团在 10 月转隶第 3 装甲集群指挥	
第 41 装甲军	装甲兵上将格奥尔格—汉斯·莱因哈特
第 41 装甲军参谋长	汉斯·勒廷格上校
第 1 装甲师	瓦尔特·克卢格少将
第 36 步兵师	奥托 - 恩斯特·奥滕巴赫尔
第 56 装甲军	费迪南德·沙尔装甲兵上将
第 56 装甲军参谋长	哈拉尔德·冯·埃尔弗费尔特上校
第 6 装甲师	弗朗茨·兰德格拉夫少将
第 7 装甲师	汉斯·冯·丰克少将

附录10^①

第17集团军司令部
作战处
No. 0973/41（秘密）

集团军指挥所
1941年11月17日

德国士兵在东线的行为守则

1.根据我在前线的视察，以及与一线官兵的谈话，我的印象是广大官兵并没有始终如一地认识到我们在占领土地上的任务以及军人应有的态度。

接下来我将再次强调元首已经反复提出的观点，这必须成为所有武装部队的宗旨。后面的几周，军官团中必须要对以下问题进行讨论，并转达到全体官兵。

第一部分

2.东线战场与法国的战争必然是截然不同的。在夏季的时候我们逐渐开始看清，东线战场是两种不共戴天的意识形态的碰撞。一边是日耳曼民族的荣誉感和延续几个世纪的军事传统，另一边是一小撮犹太知识分子煽动起来的亚洲式价值观以及野蛮的天性：对暴力的恐惧、对道德价值观的蔑视、自甘堕落和对生命的蔑视。

我们将开启新的纪元，德国人民应该用他们的种族优越和卓越的成就夺回欧洲的霸权，我们需要灌输这样的理念。我们清楚地认识到自己的任务是拯救欧洲文明免遭亚洲野蛮人的侵犯，现在必须要和残忍而顽强的敌人战斗。战

---

① 英文译者注：霍特在1941年11月17日发布的这道命令显示出他对东线战争的意识形态观点。同样，附录11是霍特经历了德军在斯大林格勒惨败之后的思考。

144　·

争的结果只能是你死我活，毫无妥协的余地。

3.战争的目标如下：

a.击溃苏联红军使其无法恢复战斗力。

b.让俄罗斯民众意识到前政权的无能，以及德国军队坚不可摧的意志，彻底摧毁苏维埃政权的骨干布尔什维克。

c.毫不留情地征用占领区物资，以减轻本土供应军需的压力。

第二部分

4.经过连续5个月的胜利之后，我们已经完成了战役的军事目标。接下来规模巨大的苏联军队已经无力发动大规模战役，并且难以进行相互协同的抵抗。但是也不能就此断言，一个如此巨大的帝国会因为我军仅仅在夏秋之季的一场胜利而崩溃。现在我们必须消灭敌人的工业区域，这对于敌人的武器装备和整体经济是至关重要的。另外，必须用一切手段阻止苏军利用冬季重整其已经支离破碎的部队，即使是部分恢复战斗力也不能允许。

5.因此，作战行动在冬季也不会完全停止。但是元首不会要求德国士兵完成不可能完成的任务，也不会让德军部队在俄罗斯的冬季被牺牲掉，我们会采取适当的措施应对冬季的战争。另外，这一事件要求我军进行修整补充，同时保障后勤供应。即使在战事暂停的阶段，还是要有部队守备阵地，确保后方交通线。同时必须不断侦察敌情，保持和敌军的接触。

第三部分：反对布尔什维克的斗争

6.我期望第17集团军全体官兵都能以我们所取得的成就而自豪，并且保持优越感。我们就是这块土地的主人，我们的责任是既不能懈怠或疏忽，也不能自私自利的残暴，但是更要保持对布尔什维克的斗争性，保持严格的军纪，冷酷的决心和毫不懈怠的警觉。

7.即使是在战斗的间歇，我们的敌手也不仅仅是面对面同我们作战的敌人。敌人可能无法在正面打败我们，却企图通过冬季的游击战争来消耗我们。决不能因为某些人的心存大意和妇人之仁令敌人阴谋得逞，所以我们必须警惕任何抱有敌意或态度漠不关心的人；所有对红军游击队行动知情不报的人，都要有相应的处理手段。要让民众更惧怕我们的手段，而不是斯大林主义者的恐吓。

8.对民众抱有同情的态度是绝对错误的。红军士兵残忍地杀害我军伤员，他们虐待并残杀囚犯。我们往往喜欢想象曾经在布尔什维克统治之下的俄国民众，会如何用仁慈和谦卑的态度来迎合我军……

敌方民众的粮食分配应该由地方统治当局管理。应该立即用无情的手段碾碎所有积极或消极的抵抗的迹象，以及任何犹太—布尔什维克煽动者的阴谋诡计。德军士兵必须充分理解，对任何敢于对抗德国以及日耳曼种族的分子采取最严酷手段的必要性。这些分子都是布尔什维克的骨干，是嗜血无情组织的代表人物，也是游击队的间谍。他们同样是由劣等民族犹太人组成的，而犹太人曾经通过针对我国人民和文化的破坏活动，严重损害祖国的利益，更在当前加剧了世界范围的反德战线，并妄图煽动复仇。消灭这些犹太人是民族自卫的要求，任何批评这一政策的德国军人，都是遗忘了若干年来犹太—马克思主义分子对我国人民的伤害与背叛。

第四部分：占领区的开发

9.乌克兰的自然资源将对战争造成决定性影响。敌人已经抓住机会收割或焚毁了当地的农作物，部分地区的收成严重下降，由于大规模征用导致牛和骡马大量减少。但是，占领区必须为全部德国军队供应粮食，保证耕作的种子，而且要避免民众陷入饥荒。

10.所以每个人都必须清楚，现有的资源决不能为某个个人使用，而是供公共使用，任何侵吞行为都将损害全军。对占领区的彻底利用，要由各个部门和组织系统地执行。军官只能要求获得未及时送达的征用物资，征用生活物资需要付给报酬，除此之外掠夺任何"战利品"都将遭到军事法庭的严惩。

11.任何一个士兵都有相应的职责，即使没有担负相应的任务，都应该阻止他人侵夺任何种类的物资，或者在任何士兵任意掠夺时立即加以阻止。而且在可能的情况下应该保护农作物，这会帮助我们赢得当地居民的支持。在必要的情况下，以武力迫使当地居民为德国武装部队以及德国经济提供物资，以保证我们完成战争目标。他们至少应该保持和德国本土人民相当的劳动强度，每一名占领区的高级军官都应该监督该地区的居民。在独立的行政区，农业事务领导人应由德国人担任。我命令诸位以各种手段协助他们工作。

第五部分：军官

12.军官和士官的态度是军队的关键。平民往往认为敌人要比我军军官更可怕而残酷，德军军官应该为此做好准备。应该化解民众的怨恨与敌意，而非压抑这种情绪，但是暴行、镇压与酷刑都是可耻的行为。在这场战争中，德国军官的作用要比历史上任何时期都更重要。德国军官不但要承担各种任务，而且还要保证在即将到来的冬季战役中夺取绝对的胜利。任务越是困难，军官就越要集中精力。军官必须保持积极而勇敢的领导风格，以克服任何怯懦的情绪。

我们应该认识到对苏战争重要的历史意义，这是最基本的原则。在过去的两个世纪里，俄罗斯一直对欧洲施加瘫痪性的影响。对俄罗斯及其侵略的担心一直支配着欧洲的政治局势，其破坏了和平的到来，俄罗斯更像是亚洲而不是欧洲国家。我们在这个充斥着奴役和卑劣的国家每前进一步，都能看到两个国家的差异。我们是在为一劳永逸的解放欧洲而战，特别是为德国摆脱布尔什维克的压力和破坏而战。

附录11

赫尔曼·霍特在斯大林格勒解围行动中的表现及责任

A.解围行动

第4装甲集团军第56装甲军应在斯大林格勒方向实施突破，和被围的第6集团军建立联系。第6集团军一部应配合向解围部队靠拢。

苏军从包围第6集团军的战斗中撤出一些部队阻击我部。经过激烈地战斗之后，我们攻击到距离包围圈大约50公里的地方。我军在该处遭到了新锐苏军的阻击。在4天的战斗中我部竭尽全力，并且希望第6集团军能发动反击。但是第6集团军的指挥官却犹豫不决，最终错失了良机。

与此同时，顿河以西的战局也越发糟糕起来，所以曼施坦因不得不抽调我部1个师赶赴该处。因此剩余部队无力继续进攻了。我们不得不怀着沉痛的心情撤回了第56装甲军。

B.责任

对每一名指挥人员来说，无论是士官还是军官，都肩负着对战争沉重的、无可逃避的责任，他必须为执行命令和麾下的士兵负责。

每个指挥人员都无法摆脱这样的责任，更不用说高级指挥官。因此从沙恩霍斯特时代开始，这就是普鲁士—德国军事领导人的最高法则。

沉重的责任将这些将领卷入了斯大林格勒的灾难，而他们时至今日仍背负着历史包袱。他们的行为由自己的良心以及对上帝的责任引领，而不是向那个用荣誉、自由和生命威胁他们的独裁者负责。

（该文件由慕尼黑Institut für Zeitgeschichte保留）

Hitler Moves East

东进：

1941—1943 年的苏德战争

一本出色的军事著作中，高层将领的运筹帷幄固然必不可少，下级将士的浴血奋战同样不可或缺，而这两方面的结合构成了有血有肉的历史传奇。与安东尼·比弗、史蒂芬·安布罗斯的作品相比，卡雷尔的著作稍欠可读性，但与戴维·格兰茨相比，他的作品又显得不那么枯燥。也许正是这种优点，让起于"巴巴罗萨"行动，终于斯大林格勒战役的《东进》，成为经久不衰的畅销著作。

[德] 保罗·卡雷尔（Paul Carell）/ 著
小小冰人 / 译

Scorched Earth

焦土：

1943—1944 年的苏德战争

在《焦土》中，卡雷尔继续讲述了苏、德两个国家之间的冲突。他带领读者与德军一起踏上征程：踏过白雪茫茫的卡尔梅克草原，经历空前绝后的库尔斯克坦克战，横越静静流淌的第聂伯河，目睹大撤退行动留下的片片焦土，见证希特勒的军团被苏联红军击败。《焦土》一书连同《东进》，构成了 1941—1945 年苏德战争的真实画卷，对苏德战争感兴趣的人都应该读读这套著作。

[德] 保罗·卡雷尔（Paul Carell）/ 著
小小冰人 / 译

Battleground Prussia

普鲁士战场：

苏德战争 1944—1945

本书描述的是 1944—1945 年苏军攻入东、西普鲁士的故事。这场战斗与东线激烈战事的其他任何阶段同样艰巨，并永久改变了欧洲版图。战役造成欧洲近现代史上规模最大的一场迁移，战火平息前，史上最惨烈的五起海难已有三起在此发生，遇难者约有 17000 人。战后，发生在德国东北部的这些战事少有人知，田园诗般的乡村美景，广阔的天空，幽暗的森林，整齐的村庄，只存在于曾在这里居住的人的记忆中，化为普鲁士的墓志铭。

[英] 普里特·巴塔（Prit Buttar）/ 著
小小冰人 / 译

The Road to Berlin

通往柏林之路（两卷）

东线题材的出版物多得令人望而生畏，单是在苏联，描述"伟大卫国战争"的书籍就超过 15000 本，这个数字至今还在不断增加。但在这些书籍的作者中，鲜有埃里克森这样人，不仅能与亚历山大·沃思和科尼利厄斯·瑞恩这种优秀西方历史学家一同工作，还能与苏联科学院院士 A. M. 萨姆索诺夫这样权威的东方学者深入交流。作为埃里克森的扛鼎之作，本书亦充分展现了作者集东西方之所长的优点。

[英] 约翰·埃里克森（John Erickson）/ 著
小小冰人 / 译

Hhe Road to Stalingrad

通往斯大林格勒之路

　　埃里克森是少数几名亲自拜访苏联高级将领、历史学家和其他当事人，并与他们建立良好关系的西方军事历史学家。他综合运用苏联资料，为读者描绘了一幅战时红军的独特画面。通过这种做法，他与同时代的其他历史学家开创了西方战争历史学的苏联流派，刻画出红军的具体形象，提供了以前模糊不清的红军各场战役的细节。更多有关苏德战争的档案资料解密后，埃里克森的这部著作被证明是少数禁得住时间考验的作品之一。

[英] 约翰·埃里克森（John Erickson）/ 著
夏科峰 李岩 / 译

The Stalinggrad Trilogy

斯大林格勒三部曲（四卷）

　　世界上已有数种语言的数百万文字来阐述斯大林格勒战役，因此读者见到本书时，脑海中浮现的第一个问题很可能是：市场上为何需要另一本"斯大林格勒著作"？对这些问题的回答是：实际上，这场战役在许多方面被忽视或被误解。作者戴维·格兰茨对比了交战双方的每日官方记录，大量使用第一手文件。基于这些新资料，这套书提供了前所未有的细节，新的观点、解释以及对斯大林格勒战役的评价，从某种意义上来说，取代了过去的一切同类历史记述。

[美] 戴维·M. 格兰茨（David M. Glantz）/ 著
小小冰人 / 译

Between Giants

巨人之间：
第二次世界大战中的波罗的海战事

　　"一个人的死亡是个悲剧，一百万人的死亡是个统计数字。"毋庸置疑，许多国家都曾在第二次世界大战中承受毁灭与苦痛，但就丧失人口的比例来说，夹在苏德两大强国之间的波兰、立陶宛、拉脱维亚和爱沙尼亚远超任何一国，它们损失了约 20% 的人口，高过波兰以外的任何国家。作者从战前该地区的政治外交形势开始谈起，依次对该地区内展开的"巴巴罗萨"行动、"巴格拉季昂"行动和最后的库尔兰桥头堡之战等重要战事做了详细而深入的描写，是东线题材填补空白之作。

[英] 普里特·巴塔（Prit Buttar）/ 著
刘任 张大卫 / 译

Stumbling Colossus

泥足巨人：
大战前夜的苏联军队

　　20 世纪 90 年代西方出现的一种新学说，明确指责苏联曾策划在 1941 年 7 月对德国发动"先发制人的战争"。其发表不仅是要抹黑苏联，更重要的是，还为德国的侵略行为做辩护，推卸德国发动这场人类浩劫的责任。这样的观点已经蛊惑了许多德国历史学家，越来越多的俄罗斯历史改良派也已欣然接受。可是，任何一位负责任的历史学家都必须问这样一个问题："这种新学说究竟有几分真实性？"作者将通过对苏德战争前夕苏联红军的细致研究，为读者做出解答。

[美] 戴维·M. 格兰茨（David M. Glantz）/ 著
孙渤 / 译

Colossus Reborn

巨人重生：
大战中的苏联军队

    本书从组织结构角度研究了战时红军。第一部分名为"战争中的红军"，按照各次战役的先后顺序考察整个战争过程，揭示其中"被遗忘的战役"。第二和第三部分详细考察红军指挥结构不断完善的过程，以及红军如何将无数血肉之躯打造成为一支军队。作者通过挖掘最新出版的回忆录和不断解密的档案材料等宝贵财富，揭示了 1941 年至 1943 年间红军的领导者怎样使红军从一个泥足的巨人，转变为一支能够获得战争最后胜利的强大武装力量。

[美] 戴维·M. 格兰茨（David M. Glantz）/ 著
孙渤 / 译

When Titans Clashed

巨人的碰撞：
苏联红军如何阻止希特勒（增补修订版）

    本书 1995 年的第一版得益于俄罗斯解密的少量档案文献。这些文献从另一个方面增加了我们对这场战争的了解，让我们可以在以往以德国角度为主的记录基础上，增加大量俄方角度的内容。然而，尽管受益良多，第一版中仍然存在很大缺口。而现在，绝大部分缺口都被补上。随着时间流逝，可供更准确描述战争的档案材料数量，特别是苏方材料，已经增长不下百倍。在 1995 年，60% 的内容尚需推测，而到 2015 年已经下降到 10%。新版《巨人的碰撞》就是这一变化的最佳体现。

[美] 戴维·M. 格兰茨（David M. Glantz），[美] 乔纳森·M. 豪斯（Jonathan M. House）/ 著
赵炜 / 译

The Battle for Leningrad

列宁格勒会战：
1941—1944

    战争期间，列宁格勒的红军牵制了东线 15% ~ 20% 的轴心国军队。同时，沿西北方向展开行动的红军也蒙受了苏军战时伤亡的 12% ~ 15%。历史学家们往往将围绕列宁格勒的军事行动视为苏德战线其他地段更重要作战行动的附带事件。他们主要关注保卫列宁格勒的象征意义，以及城内居民英勇、坚忍的抵抗。这些因素当然很重要，但发生在该地区的军事行动同样重要。可悲的是，红军在列宁格勒地区遂行的许多军事行动在文献中一直含糊不清，本书将填补这一空白。

[美] 戴维·M. 格兰茨（David M. Glantz）/ 著
小小冰人 / 译

The Drive on Moscow

莫斯科战役 1941：
二战"台风"行动与德军的首次大危机

    1941 年 9 月底、10 月初，德国人投下最后的赌注，发动"台风"（Taifun）战役，也就是他们期盼已久的，针对莫斯科的进攻行动。行动开始时取得巨大胜利，但仅过了一个多星期就陷入泥淖之中，看似已经到手的奖赏就这么溜走了。莫斯科战役的规模极其宏大，参战双方都投入了超过百万的兵力；苏联红军损失近一百万名士兵，但是他们成功地挡住德军。"台风"吹过，希特勒征服东方的迷梦也随之飘散。

[瑞典] 尼克拉斯·泽特林（Niklas Zetterling）/ 著
王行建 / 译

Zhitomir-Berdichev

日托米尔—别尔季切夫：
德军在基辅以西的作战行动 1943.12.24—1944.1.31（两卷）

　　1943 年 12 月 24 日，苏军对德国南方集团军群发动一系列冬季攻势，目标是解放乌克兰西部。第一次进攻由瓦图京的乌克兰第 1 方面军进行，直指德国第 4 装甲集团军。苏军在 3 个星期中取得惊人成绩，推进 100 多公里，解放日托米尔和别尔季切夫，到 1 月中旬，几乎已经实现所有目标。这时，曼施泰因调来第 1 装甲集团军稳定前线并进行反击，在接下来的 3 个星期内给苏联的人员物资造成很大损失。苏联的进攻与德国的反击为下一次苏联冬季攻势（即切尔卡瑟战役）揭开了序幕。

[英] 史蒂芬·巴勒特（Stephen Barratt）/ 著
小小冰人 / 译

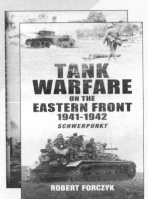

Tank Warfare on the Eastern Front

东线坦克战 1941—1942：重点突破战术
东线坦克战 1943—1945：红色压路机

　　尽管有调查表明，至少有一部分参加过苏德战争的士兵在战时很少或从未见过坦克，但没有人会否认坦克在苏德战争中扮演的决定性角色。作者福尔齐克是经验丰富的情报分析师，曾在航空公司 / 航空业工作。熟练掌握情报分析手段，拥有哲学博士学位，目前在马里兰大学帕克分校从事国际关系和国家安全研究。

[美] 罗伯特·福尔齐克（Robert Forczyk）/ 著

The Battle of Kursk

库尔斯克会战

　　库尔斯克会战意味着闪电战在战略和战役层面的穷途末路。在这场战争中，德国的进攻第一次被制止在战术纵深或浅近战役纵深。这对他们来说是一场意外，最终也是一场灾难，因为他们军队过去取得的战略成功，有赖于成功实现深远纵深的战役突破，并从军事和心理两方面使其敌人陷入瘫痪。库尔斯克会战证明，德国以高速轰击机的护航为掩护，大规模集中使用装甲兵的战法，已经不能再像 1941 年和 1942 年那样肆无忌惮地突入苏联的后方。

[美] 戴维·M. 格兰茨（David M. Glantz），[美] 乔纳森·M. 豪斯（Jonathan M. House）/ 著
孙渤 张峻铭 赵国星 / 译

From Defeat to Victory

从失败到胜利：
1944 年夏季东线的决定性与非决定性战役

　　"大纵深战役理论"是广大军事爱好者耳熟能详的一个名词，然而其内涵到底是什么，其外延又包含哪些战役，恐怕不是三言两语就能阐述清楚的。虽然本书的核心内容是 1944 年夏季的战事，但是作者的眼光并没有局限于此。书中探寻了"大纵深战役理论"的来龙去脉，讲述了苏军如何以此为基础发展出成熟、有效的战役法，并且在它的指导下浴火重生，进而锁定胜局。阅读本书之后，您会对二战中苏军如何发起一场方面军级进攻战役有一个清晰、透彻的了解。

[英] C.J. 迪克（C. J. Dick）/ 著
小小冰人 / 译

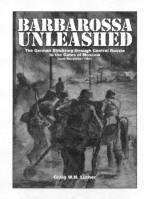

Barbarossa Unleashed

巴巴罗萨开始：

1941 年 6-12 月，德国闪电战，穿过俄罗斯中部到达莫斯科大门

这本书以前所未有的细节探讨了 1941 年夏天德国中央集团军群通过俄罗斯中部向莫斯科推进的情况，并简要介绍了莫斯科战役以及随后到 1942 年初的冬季战斗。本书基于数百名退伍军人的记述，档案文件，以及相关文献的详尽研究，提供了对"巴巴罗萨"行动的新见解。本书还详细研究了一些有争议的问题，例如德国东线军队对苏联人民的战争罪行等。

[德]克雷格 W.H. 卢瑟（Craig W. H. Luther）/ 著
小小冰人 / 译

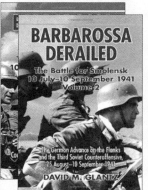

Barbarossa Derailed

巴巴罗萨脱轨：

斯摩棱斯克会战，1941 年 7 月 10 日—9 月 10 日（两卷）

在漫长的研究过程中，格兰茨不仅与美军的苏军研究同步前进，而且组织翻译了大量苏军史料和西方战役研究成果。1995 年，格兰茨刊行了里程碑著作《巨人的碰撞》。就在很多人将这本书看作格兰茨一生事功的收山之作的时候，格兰茨却老当益壮，让全球同行惊讶地发现，这本书只是格兰茨攻城略地的起跑线。此后格兰茨几乎以每年一本的速度出版新书，在 21 世纪第二个十年里，格兰茨开始撰写"巴巴罗萨"三部曲，这套两卷本的斯摩棱斯克战役是三部曲的第二部。

[美]戴维·M. 格兰茨（David M. Glantz）/ 著
小小冰人 / 译

The Oder Front

奥得河前线 1945（两卷）

流行观点认为，德国第二次世界大战的最后一场战役是由希特勒策划和实施的，对柏林的蓄意而又宿命的防御，这在很大程度上是一种不准确的描述。纳粹德国最后一战始于 1945 年 3 月 20 日戈德哈特·海因里奇大将指挥的"维斯瓦河"集团军群，海因里奇决定让德国人沿奥得河前线坚守足够长的时间，吸引西部盟军穿越易北河。海因里奇知道两件事：战争失败了，德国留下的东西战后注定要落入苏联手中。他的意图是，沿着奥得河前线的长期防御，迫使艾森豪威尔将军命令西方同盟国进入战后的苏联占领区，他告诉下属，德国首都不会成为另一个"斯大林格勒"。

[美]A. 斯蒂芬·汉密尔顿（A. Stephan Hamilton）/ 著
小小冰人 / 译

From Stalingrad to Berlin

从斯大林格勒到柏林

厄尔·齐姆克（1922 年 12 月 16 日—2007 年 10 月 15 日）兼有艾伯特·西顿和约翰·埃里克森的身影。出生于威斯康星州的齐姆克虽然在二战中参加的是对日作战，受的也是日语训练，却在冷战期间华丽转型，成为德军和苏军研究权威。其所著《柏林战役》《苏维埃压路机》《从斯大林格勒到柏林：德国在东线的失败》《从莫斯科到斯大林格勒：东线的抉择》《德军东线北方战区作战报告，1940—1945 年》《红军，1918—1941 年：从世界革命的先锋到美国的盟友》等书，对苏德战争、德军研究和苏军研究均做出了里程碑式的贡献。

[美]厄尔·齐姆克（Earl Zeimke）/ 著